Qui sont vraiment les anormaux ?

Entre diversité génétique, variabilité neurologique et darwinisme social

Dr. REBECCHI KEVIN, PhD

« Ces doctrines, quel que soit leur porte-parole, souffrent toutefois d'un défaut sensible : elles ne prennent pas en considération les individus qu'elles s'efforcent de supprimer. Dans son insensibilité naturelle, la majorité silencieuse continue de s'imaginer que tous ceux qui la constituent existent individuellement, chacun d'eux pour et en soi-même. Ils refusent tout simplement de croire qu'ils se sont transformés en zombis, en marionnettes et en fantômes, et l'idée de prendre la réalité avec laquelle ils ont affaire pour une "simulation" ne leur vient pas à l'esprit. (...) Cette découverte, sur laquelle tous sans exception peuvent s'accorder, promet de mettre du baume sur mainte ancienne blessure, même si elle remplace le jugement moral par un jugement esthétique *Cette société est médiocre.* (...) Une chose est sûre, en tout cas : loin de refuser la médiocrité, ils l'approuvent et, loin d'en souffrir, ils savent apprécier ses avantages et ses joies. Tout le monde n'étant pas à la hauteur de ce paradoxe, des millions de perdants restent en deçà des impitoyables exigences de ce paradis. La rigidité avec laquelle ils sont exclus est le revers de la tolérance dominante. Toutefois, ce triage social tacite et permanent ne dit en lui-même rien de particulier sur notre communauté, de tels processus ayant été pratique courante dans toutes les sociétés historiques connues, y compris les régimes qui réclament du socialisme. Ceux qui déplorent la froideur et l'égoïsme de notre "société où chacun joue des coudes" pensent probablement plutôt à un avenir inconnu qu'à la brutalité des époques passées ou d'autres religions universelles. (...) Perte du sens de la réalité et *moral insanity* ne sont pas seulement introduites de l'extérieur dans la normalité, fourrées par en haut dans les têtes par les pionniers hautement qualifiés de la médiocrité, les fous furieux de l'industrie et les grands prêtres de la technique. Elles apparaissent tout à fait spontanément et fleurissent là où la majorité fonctionne le plus inconsciemment dans son heureuse quotidienneté ; discrètes et finement réparties, elles prennent la forme d'une folie moléculaire. (...) Médiocrité et folie sont complémentaires ; leur apparente opposition dissimule un accord profond, et c'est en vain que l'on chercherait un espace social extérieur à leur imbrication. Cette paradoxale articulation se retrouve en chacun de nous dans un équilibre plus ou moins précaire, des proportions changeantes et des modèles variables. La république de la moyenne n'a pas une haute opinion d'elle-même ; extraordinairement satisfaite et follement normale, il lui manque seulement d'être rassurante »

(Enzensberger, 1991, p. 194-215) [1] [2].

---

[1] *Toutes les traductions provenant de cet ouvrage sont des traductions personnelles.*
[2] *Les références alternent entre articles scientifiques, de journaux d'information, de vidéos et de livres afin que cela puisse être accessible au plus grand nombre.*

TABLE DES MATIÈRES

PRÉFACE

La société d'aujourd'hui fait face à de nombreuses crises (entendue comme une « situation de trouble profond »[3]), dans de nombreux domaines et à propos de nombreuses thématiques mais qui s'emboîtent et se chevauchent toutes :

- Une crise scientifique :

L'institutionnalisation et la spécialisation à outrance des sciences ont créé plusieurs effets pervers. Nous nous retrouvons aujourd'hui dans des situations où les différentes disciplines ne communiquent pas toujours entre elles et parfois même s'opposent. Dans mon domaine ce constat est très clair : il existe des oppositions entre neurosciences / génétique / psychologie / sciences de l'éducation infusées par de nombreuses idéologies politiques ou

---

[3] *Centre national de ressources textuelles et lexicales. (2009). Définition - Crise. https://www.cnrtl.fr/definition/crise*

pseudoscientifiques (tel qu'un postulat d'éducabilité absolue ou encore l'emprise de la psychanalyse dans certains laboratoires d'éducation ou de psychologie). Nous faisons aussi face à beaucoup de croyances et au développement d'une nouvelle philosophie New Age où le développement personnel (De Funes, 2019), les religions (Dawkins, 2006) et les pseudosciences (Larivée, 2014) ont le vent en poupe et où tout le monde se permet de dire à peu près tout et n'importe quoi sous couvert de titres et de diplômes qui sont devenus aussi faciles à obtenir que n'importe quel bien et service du système capitaliste. Malheureusement, ces constats ne sont pas nouveaux. Ils sont la continuité de ce qu'il existe dans la société en général et le monde scientifique depuis bien longtemps (notamment en ce qui concerne les rapports très problématiques et violents des religions face à la raison et aux sciences en général).

- Une crise éducative :

Une double crise éducative incarnée d'une part par l'échec de l'éducation de masse déjà analysé en 1958 par Hannah Arendt (notamment concernant la société américaine mais elle n'y est pas exclusive, et d'autres auteurs s'en sont fait les portes paroles depuis comme par exemple Noam Chomsky ou John Taylor Gatto). La philosophe spécialisée en politique (parfois considérée politologue) soulignait que

> « Or, en ce qui concerne l'éducation, il a fallu attendre notre siècle pour que l'illusion provenant du pathos de la nouveauté produise ses conséquences les plus graves. Tout d'abord, elle a permis à cet assemblage de théories modernes de l'éducation, qui viennent du centre de l'Europe et consistent en un étonnant salmigondis de choses sensées et d'absurdités, de

révolutionner de fond en comble tout le système d'éducation, sous la bannière du progrès de l'éducation. (…) Ainsi, la crise de l'éducation en Amérique annonce d'une part la faillite des méthodes modernes d'éducation et d'autre part pose un problème extrêmement difficile car cette crise a surgi au sein d'une société de masse et en réponse à ses exigences » (Arendt, 1958, p. 229-230).

Cette double crise est incarnée d'autre part par l'incapacité de la société de reconnaître et de donner une place aux individus et aux enfants différents qui le sont indépendamment de leur éducation, de leur environnement mais aussi de leurs parents. Ces derniers se retrouvent parfois démunis, ignorants et/ou culpabilisés par des mouvements de bien-pensance ou de pseudosciences. Ainsi, sauf dans le cas de déficience où les différences apparaissent plutôt clairement, beaucoup de choses sont pathologisées par des professionnels de la santé physique et mentale se contentant de lire des grilles diagnostiques socioculturelles et politiques qui réduisent de plus en plus le cadre de la norme (Frances, 2013). Par ailleurs, l'institution scolaire se retrouve incapable d'accueillir les enfants non conformes aux normes socioculturelles et incapable de s'adapter aux grands changements de société en cours et à venir.

- Une crise socio-culturelle :

Les normes socio-culturelles de certaines de nos sociétés sont pour beaucoup totalement absurdes et illogiques et souvent contraires à la raison ou à la biologie humaine, mais aussi contraires à l'efficience et à l'ergonomie. Nous vivons dans un monde, nous travaillons dans des entreprises, nous sommes éduqués dans des écoles qui ont été trop souvent été pensées par des personnes stupides (Ronell, 2006) et/ou médiocres (Deneault, 2015) et/ou incompétentes (Peter & Hull, 1984), avec peu de sens de la praticité et de l'analyse et sans aucune créativité. Tout est pensé pour des raisons politiques ou économiques quand bien même cela irait à l'encontre de l'efficacité, de l'humain et que cela n'aurait pas de sens et serait donc irrationnel. Tout le monde connaît l'exemple du bureau de Poste ouvert de 9h à 12h et de 14h à 16h les lundi, mardi, jeudi et vendredi ; les cours de récréation sans même une seule plante ; les cours commençant à 8h au collège ; les règles fiscales françaises qui mettent à genoux les professionnels du secteur paramédical ; les personnes d'une même famille qui se détestent et pourtant passent les fêtes ensemble ; ou encore les formalités administratives à rallonge et la bureaucratie dont la France est la championne par exemple.

- Une crise médicale et économique :

Nous faisons face à cette volonté humaine de longue date de vouloir mettre en compétition les individus, de ridiculiser, stigmatiser voire pathologiser la différence d'être, de faire et de penser où le moindre écart à la bien-pensance et aux comportements normés socioculturellement a été récupéré par le monde de la psychiatrie (alcool, jeux-vidéos, anxiété, sexualité...). Un monde où quand il est question de tolérance ou d'inclusion (même pour des choses minimes telles que la misophonie par exemple) il n'est jamais question de changer un système qui marche sur la tête mais plutôt de faire des aménagements très à la marge :

- on ne va surtout pas supprimer la musique de 90 décibels

des magasins qui permet de manipuler les consommateurs en leur vendant davantage de produits, mais on va réserver une heure par semaine le mardi de 8h à 9h sans musique),

\- on ne va surtout pas modifier la forme et le fond scolaire pour y intégrer les enfants créatifs qui sont stigmatisés dès l'école primaire, mais on va au contraire essayer de faire en sorte qu'ils se conforment à tout ce qui est attendu d'eux par divers artifices tels que des récompenses ou des punitions (qui vont jusqu'à l'exclusion sociale par les pairs) et pire, on ne va surtout pas ré-organiser l'école, une institution à bout de souffle (Michéa, 1999) pour faire en sorte qu'elle arrête de tuer la créativité (Land & Jarman, 1992) ou qu'elle permette d'améliorer la société, mais on va au contraire faire en sorte qu'elle continue à servir le monde économique (ERT, 1995), un monde sans aucune éthique mu par des individus hyperfocalisés sur la consommation et l'apparence (Debord, 1992) et qui ne s'intéressent qu'au fait de « manger, se reproduire, acquérir du pouvoir, le faire avec un minimum d'efforts et glaner un maximum d'informations » sur leur environnement (Bohler, 2019, p. 31).

- Une crise biologique et philosophique :

La survie telle que notre espèce l'a connue il y a quelques siècles ou millénaires n'existe plus, au moins dans nos cultures occidentales.

Nous, occidentaux, vivons dans un monde plutôt très

confortable et sécurisé (avec évidemment beaucoup de défauts et d'inégalités) en proie aux injonctions de consommer, travailler, consommer, travailler et où la frontière entre vie publique et vie privée s'est effacée peu à peu et où ce que jadis nous pensions être un monde dystopique est devenu notre réalité quotidienne (Benarrosh & Calderon, 2020 ; Sculos 2017) et Gattaca ne semble plus très loin. Nous avons réussi à déjouer certaines des pires atrocités comme les génocides et certaines idéologies polito-scientifiques ridicules comme la craniologie ou le nazisme (Korn-Brzoza, 2019), les massacres religieux et homosexuels... même si beaucoup de travail est encore nécessaire. Cela a été possible notamment grâce aux avancées politiques, sociales, éducatives, économiques, aux sciences médicales, à la volonté de faire société et de mettre en place une paix durable, mais malheureusement l'être humain en général est et a toujours été dans une posture prétentieuse, sans recul, pensant à chaque époque qu'il a enfin trouvé LA vérité finale et absolue : la psychanalyse ou encore la psychiatrie avec le DSM-5 (American Psychiatric Association, 2015**)**, le manuel diagnostique et statistique des troubles mentaux en sont certainement les plus grandes illustrations, sans parler du Vatican (qui essaie à chaque époque de trouver des arrangements pseudo-intellectuels pour faire coïncider la Bible avec les nouvelles découvertes et qui n'a réhabilité Galilée qu'après 360 ans), ou encore de la stigmatisation de certains individus en raison de leurs différences et non de leurs idées (cela s'est vu par exemple dans le sort réservé à Greta Thunberg par certains politiques, scientifiques et médias).

QUI SONT VRAIMENT LES ANORMAUX ?

L'Histoire nous a montré que l'humain apprend rarement de ses erreurs et malheureusement il ne serait pas absurde de penser que beaucoup d'horreurs eugénistes vont encore se produire dans les prochaines décennies ou les prochains siècles qui arriveront sous couvert de « science », de prétextes d'amélioration du patrimoine génétique de l'Homo Sapiens, de darwinisme social assumé ou simplement d'infusion de l'idéologie capitaliste et de la liberté et du libre-choix absolu dans le champ de la reproduction. Aujourd'hui, les parents peuvent choisir le sexe de leur bébé aux États-Unis[4], un scientifique chinois a édité les gènes d'embryons pour leur conférer une résistance naturelle au syndrome d'immunodéficience acquise[5], et la question de l'autisme est déjà sur certaines lèvres depuis plusieurs années[6], que pourront-ils choisir demain ? Ainsi, les adorateurs inconditionnels de la thérapie génique sont déjà en ordre de marche pour « guérir » ou « supprimer » des choses telles que l'autisme ou l'hyperactivité[7], et même si aucun gène unique n'a été trouvé à ce propos, nous pouvons déjà faire l'hypothèque que quand (et si) la recherche aura davantage avancé à ce propos, le même sort sera réservé à la question de la sexualité non conforme aux normes

---

[4] *CNBC. (2018). Some families are paying thousands of dollars to choose their baby's sex. https://www.cnbc.com/2018/08/04/fertility-clinics-advertise-gender-selection-ethical-wuandary.html*

[5] *Le Temps. (2019). Une année après, le fiasco des bébés génétiquement modifiés. https://www.letemps.ch/sciences/une-annee-apres-fiasco-bebes-genetiquement-modifies*

[6] *The Conversation. (2013). Prenatal screening and autism. https://theconversation.com/prenatal-screening-and-autism-20395*

[7] *Boston Herald. (2016). MIT research suggests possibility of gene therapy to treat ADHD. https://www.bostonherald.com/2016/03/23/mit-research-suggests-possibility-of-gene-therapy-to-treat-adhd/*

socio-culturelles[8]. Tout le monde en France se rappelle aussi le rapport de L'Institut National de la Santé et de la Recherche Médicale (INSERM) de 2005 sur les Trouble des conduites chez l'enfant et l'adolescent que Nicolas Sarkozy avait voulu utiliser afin de repérer les futurs délinquants chez les « enfants génétiquement à haut risque de trouble des conduites »[9] (INSERM, 2005) qui est aujourd'hui remis en lumière via l'expérimentation de l'Éducation nationale et les questionnaires de 2021 sur les questions comportementales des élèves de petites sections[10] et nous voyons aussi la phrénologie qui fait son grand retour en force dans la reconnaissance faciale[11]. Aussi, des chercheurs chinois ont modifiés génétiquement des singes afin qu'ils présentent les mêmes caractéristiques que les autistes, et ce n'est probablement pas sans objectif eugéniste en bout de course[12].

---

[8] *New Scientist. (2014). Gay gene discovery has good and bad implications. https://www.newscientist.com/article/mg22429963-700-gay-gene-discovery-has-good-and-bad-implications/#ixzz6hcRdLaxv*

[9] *Nouvel Obs. (2008). Quand Sarkozy voulait détecter les troubles du comportement chez l'enfant. https://www.nouvelobs.com/societe/20081201.OBS3496/quand-sarkozy-voulait-detecter-les-troubles-du-comportement-chez-l-enfant.html*

[10] *Café Pédagogique. (2021). Exclusif : Agité, répondeur, désordonné, rebelle : Le drôle de questionnaire du ministère pour les 3 ans. http://www.cafepedagogique.net/LEXPRESSO/Pages/2021/01/21012021Arti cle637468096302100882.aspx?fbclid=IwAR1IwjKmTwKn1BOqSvJiLYgtv83U LDA0lg5g35I9VaWj5HOHM8us69wsYFA*

[11] *Sciences et Avenir. (2016). Des criminels potentiels identifiés par un algorithme : une pente savonneuse ? https://www.sciencesetavenir.fr/high-tech/intelligence-artificielle/un-algorithme-chinois-sait-il-controler-au-facies-pour-reperer-des-criminels-potentiels_108308*

[12] *Nature. (2016). Monkeys genetically modified to show autism symptoms. https://www.nature.com/news/monkeys-genetically-modified-to-show-autism-symptoms-*

Mais est-ce une bonne idée et est-ce souhaitable ? N'est-on pas, tous, en tant qu'espèce, en train de se tromper de combat ?

Après, près de trois ans de lecture, de recherche, d'écriture, de rencontres, de questionnements et de travail une question claire s'est présentée à moi : qui sont vraiment les anormaux ? Cette question à double sens questionne en premier lieu les caractéristiques et la portée de la diversité génétique de notre espèce, mais elle pose aussi la question de la norme et de la raison dans nos sociétés.

1.19228?fbclid=IwAR3FS_3zQk92MpuGR9XcPII59hnKdFzYQKJsYjnRheBci Ltkf2kkuF9ebXs

INTRODUCTION

Si l'on fait un saut dans le temps et que nous cherchons dans les premières pages du moteur de recherche Google « être différent », « mon ami est bizarre » ou encore « se sentir différent » entre le 1er janvier 1990 et le 31 décembre 2004 nous tombons sur des résultats relatifs à la religion déiste, le tabac, les pratiques pseudoscientifiques énergétiques et psychanalytiques, les différents types de handicap, les troubles de la personnalité (paranoïa, borderline..), la question des besoins personnels et de la confiance en soi, la dépression, le racisme, quelques forums où des individus discutent en surface de la normalité et de la différence, et un article sur l'autisme et le syndrome d'Asperger. Par contre, si nous faisons cette même recherche sur une période de temps plus récente, du 1er janvier 2005 au 31 décembre 2020, alors dans ce cas nous obtenons des résultats sur les Asperger, les Zèbres, les Hypersensibles, les Surdoués, les Hauts Potentiels Intellectuels et/ou Émotionnels, la question du genre, de la solitude, du Quotient Intellectuel (QI), l'intelligence, l'immigration et plusieurs blogs et forums discutant de l'ensemble de ces sujets. Cet exemple n'a aucune valeur scientifique ni statistique mais il pourrait montrer (au moins en partie) le déplacement social d'un curseur socioculturel sur la différence durant les dernières décennies.

Ce déplacement de curseur s'est aussi déroulé dans le champ de la psychiatrie qui présentait la formulation « orientation sexuelle égodystonique » dans le DSM-III en 1980 (American Psychiatric association, 1983), puis a été supprimée dans une révision et a évolué en « trouble de l'identité sexuelle » dans le DSM-IV (American Psychiatric association, 1996) avant d'être transformé en « dysphorie de genre » dans le DSM-V en 2013 pour la souffrance ressentie par les personnes transgenres en indiquant qu'il ne s'agit pas d'un trouble mental (American Psychiatric association, 2016). Il en est de même pour l'évolution de la vision sociale de l'autisme avec l'utilisation des termes de psychose, névrose, psychopathie, du recours exclusif et catastrophique à la psychanalyse (Robert, 2011), des troubles envahissants du développement, du syndrome d'Asperger et aujourd'hui des troubles du spectre autistique. Et tout ceci, n'inclue même pas les femmes qui ont été considérées tour à tour et non exhaustivement comme inférieures intellectuellement, hystériques, folles, démentes, névrosées et désaxées au cours de l'Histoire[13].

---

[13] *Huffington Post. (2015). L'hystérie, la démence... pour accabler les femmes, toutes sortes de maladies ridicules ont été inventées dans le passé. https://www.huffingtonpost.fr/2015/04/04/hysterie-demence-accabler-femmes-maladies-ridicules_n_7000090.html*

QUI SONT VRAIMENT LES ANORMAUX ?

Pourquoi, les êtres humains, et plus particulièrement ceux ne faisant pas partie des majorités, ceux n'ayant pas le pouvoir ou étant tout simplement différents, ont dû faire face à l'étiquetage et la malveillance de la part des autres ? Les gens différents sont-ils vraiment tous des fous, des handicapés, des psychopathes, des individus à guérir et à éduquer pour les conformer à la société ? Les gens différents n'ont-ils vraiment aucune place sociale et biologique chez l'Homo Sapiens ? Doivent-ils vraiment être tous éradiqués ou soignés ou rééduqués comme la quasi-majorité des voix le laisse entendre ? Est-il par exemple acceptable et souhaitable et éthique de vouloir éduquer les autistes à la communication et à la socialisation ? En ont-ils d'ailleurs besoin ? Est-il acceptable et souhaitable de médicaliser certaines personnes sans leur laisser le choix pour modifier leurs cycles biologiques afin qu'elles puissent s'insérer dans le monde du travail ?

Est-il acceptable et souhaitable de médicaliser certains enfants pour les aider à rester assis en classe et à se conformer à un système absurde et entièrement inadapté à eux ? Est-il acceptable et souhaitable de vouloir médicaliser d'autres adultes pour les amener à faire un *bullshit job* (Graeber, 2018) sans aucune utilité sociale quitte à éteindre leur créativité ? Doit-on permettre à tout le monde de s'inclure dans une société inégalitaire, conformiste et médiocre ou doit-on permettre à ceux qui pourraient créer de nouveaux systèmes de le faire quitte à chambouler les normes et les habitudes au passage ? Ce livre ne va probablement pas répondre à l'ensemble de ces questions, mais il devrait vous permettre a minima de vous poser ces questions et d'y trouver des pistes de réponses ou de nouveaux questionnements en faisant un état des lieux et une analyse de ce que l'on sait ou croit savoir aujourd'hui.

L'hypothèse que je vais explorer ici est celle relative au fait que la cognition des personnes avec un « trouble neuro-développemental » est profondément reliée à la cognition créative et qu'elle pourrait être la cognition par défaut de ces personnes mais ne pourrait produire des résultats, des productions que dans certaines situations et certaines conditions et que cette cognition ne serait que le résultat d'une diversité génétique provenant de l'évolution normale de notre espèce et qui serait apparue il y a déjà très longtemps. En d'autres termes, cette hypothèse reprend l'expression de Plomin (2018, p. 58) : l'« anormal est normal » et met en exergue l'idée selon laquelle ces troubles n'en sont que d'un point de vue socioculturel.

CHAPITRE 1 : CRÉATIVITÉ, INTELLIGENCE, RAISON, GÉNIE, FOLIE, PSYCHOPATHOLOGIE.... DE QUOI PARLE-T-ON RÉELLEMENT ?

A) L'intelligence

1) La mode et les dérives de la question de l'intelligence

Comme je l'indiquais en introduction, la « différence » et l'intelligence qui est l'une de ses caractéristiques s'est érigée en nouvelle mode et business dans notre société à travers de nouveaux mouvements pseudoscientifiques et New Age qui ont a minima l'intérêt de poser plus de questions qu'ils n'apportent de réponses et posent plus de problèmes qu'ils n'en résolvent.

Certaines des nouvelles conceptions et de ces mouvements (dont beaucoup émanent d'universitaires, docteurs et professionnels diplômés) ne peuvent et ne doivent pas être ignorés tellement ils rassemblent d'adeptes mais dans un même temps ils se mêlent à des religions, à des pratiques New Age (Carroll & Tober, 1999) et pseudoscientifiques telles que la psychanalyse (Meyer, 2005), la sophrologie[14] ou encore la programmation neurolinguistique[15] avec des effets Barnum tellement énormes et un manque de scientificité tel qu'il est très facile de combattre l'ensemble de leurs arguments par des faits vérifiables et par la science. Et in fine, heureusement que certaines personnes font ce travail et le font avec précision et soin[16]. Malheureusement, l'envahissement de la psychologie (notamment par la psychanalyse) n'est pas nouveau et touche autant le domaine médical (les psychanalystes se nomment souvent « psychologues cliniciens » pour tromper et se légitimer et se revendiquer de la science qu'est la psychologie), que dans la formation universitaire[17], que dans le domaine de l'édition, des colloques et de la recherche (Wolman, 1985).

Cette mode a donc a minima l'intérêt de poser les questions de l'intelligence, du haut potentiel et des troubles et de leurs relations. Nous voyons par exemple que certaines de ces conceptions

---

[14] *Association Française pour l'Information Scientifique. (2018). Les fondements de la sophrologie : entre conte New Age et pseudo-science. https://www.pseudo-sciences.org/Les-fondements-de-la-sophrologie-entre-conte-New-Age-et-pseudo-science*
[15] *Association Française pour l'Information Scientifique. (2004). La programmation neurolinguistique ou l'art de manipuler ses semblables. https://www.pseudo-sciences.org/La-programmation-neurolinguistique-ou-l-art-de-manipuler-ses-semblables*
[16] *Ramus Méninges. (2017). La pseudoscience des surdoués. http://www.scilogs.fr/ramus-meninges/la-pseudoscience-des-surdoues/*
[17] *Ramus Méninges. (2020). La psychanalyse à l'université en 2020 : Analyse quantitative (1ère partie). http://www.scilogs.fr/ramus-meninges/psychanalyse-universite-2020/*

mélangent dans un *shaker* une goutte de haut QI avec une pincée du Trouble du Déficit de l'Attention avec/ou sans Hyperactivité (TDAH) et une tasse de Trouble du Spectre Autistique (TSA) et créent de nouvelles conceptions qui questionnent les frontières de ces concepts mais aussi la pertinence de l'existence même de ces concepts. Et il s'agit d'un des fondements de la science : pouvoir se poser des questions, trouver des solutions et des réponses tout en ayant la possibilité de valider ou réfuter des hypothèses. Mais les incohérences, les écarts à la scientificité et les relations avec des pratiques controversées sont tellement présents qu'il ne convient même pas de les aborder plus en détails ici.

2) Quelques définitions et théories de l'intelligence et du haut potentiel

Il existe de nombreuses définitions et conceptions de l'intelligence avec des modèles plus ou moins imagés qui ont été étayés ou réfutés en partie au cours du temps. Il est intéressant de noter qu'elles intègrent toutes plus ou moins directement la question de la créativité (qui sera abordée ultérieurement) et qu'aucune ne se cantonne à la question du QI. Par ailleurs, il existe beaucoup d'ouvrages sérieux, écrits par des scientifiques sérieux abordant la thématique de l'intelligence (et celle du QI) qui expliquent et résument bien les connaissances actuelles sur la place de l'environnement, ou des gènes dans l'intelligence ou encore les différents modèles et les dernières découvertes (Cuche & Brasseur, 2017 ; Gauvrit, 2014 ; Wahl, 2019). Voici quelques théories et modèles qui ont largement influencé la recherche d'aujourd'hui et qui seront utiles à avoir en tête pour la compréhension de la suite du livre.

a) Le haut potentiel - Joseph Renzulli

Selon Joseph Renzulli (1978), Professeur émérite du conseil d'administration de la Neag School of Education de l'Université du Connecticut,

> « Le haut potentiel consiste en une interaction entre trois groupes de base de traits humains - ces groupes ont des capacités générales supérieures à la moyenne, des niveaux élevés d'engagement dans les tâches et des niveaux élevés de créativité. Les enfants surdoués et talentueux sont ceux qui possèdent ou sont capables de développer cet ensemble composite de traits et de les appliquer à tout domaine potentiellement précieux de la performance humaine. Les enfants qui manifestent ou sont capables de développer une interaction entre les trois groupes ont besoin d'une grande variété de possibilités et de services éducatifs qui ne sont généralement pas fournis dans le cadre de programmes d'enseignement réguliers » (p. 183).

Donc selon lui le haut potentiel se caractériserait par une intelligence supérieure à la moyenne ainsi que des hauts niveaux de créativité et d'engagement dans les tâches et l'école traditionnelle serait un lieu inadapté pour les individus présentant ces caractéristiques. Ce modèle est souvent présenté comme trois disques s'enchevauchant et matérialisant le haut potentiel en leur point de rencontre. Ainsi, il proposait quelques années plus tard un modèle appelé « *The schoolwide enrichment* » (littéralement le modèle d'enrichissement à l'échelle de l'école) proposant de modifier les programmes scolaires afin de développer les talents des enfants en fonction de leurs intérêts et de leurs forces (1985).

b) La théorie des intelligences multiples - Howard Gardner

Howard Gardner, professeur en cognition et éducation à l'Université d'Harvard, a passé en revue des « sources non apparentées : études de prodiges, d'individus surdoués, de patients atteints de lésions cérébrales, de savants idiots, d'enfants normaux, d'adultes normaux, d'experts dans différents domaines de travail et des individus de cultures différentes » (1985, p. 9) afin de formaliser une théorie sur les intelligences qu'il invite à réfuter dans le cas où elle s'avérerait fausse (1985, p. 297). En 1985, il soutenait l'idée qu'il

> « existe des preuves convaincantes de l'existence de plusieurs compétences intellectuelles humaines relativement autonomes, abrégées ci-après par "intelligences humaines". Ce sont les "cadres de l'esprit" de mon titre. La nature exacte et l'étendue de chaque "cadre" intellectuel n'ont pas été jusqu'à présent établies de manière satisfaisante, et le nombre précis d'intelligences n'a pas non plus été fixé. Mais la conviction qu'il existe au moins quelques intelligences, qu'elles sont relativement indépendantes les unes des autres et qu'elles peuvent être façonnées et combinées de multiples façons adaptatives par les individus et les cultures, me paraît de plus en plus difficile à nier » (p. 8-9).

Il proposait donc une théorie rassemblant sept types d'intelligence : l'intelligence linguistique, l'intelligence musicale, l'intelligence logico-mathématique, l'intelligence spatiale, l'intelligence corporelle-kinesthésique et les intelligences personnelles (interpersonnelle et intrapersonnelle). Quelques années plus tard (1999, p. 47) il indiquait par ailleurs que

> « Mes élèves m'ont souvent demandé s'il y avait une intelligence culinaire, une intelligence humoristique, ou une intelligence sexuelle (...). J'ai envisagé un certain nombre d'intelligences supplémentaires candidates, mais jusqu'à récemment, j'ai pensé qu'il était prudent de ne pas élargir la liste. Ici, je considère directement les preuves de trois "nouvelles" intelligences candidates : une intelligence naturaliste, une intelligence spirituelle et une intelligence existentielle ».

D'autres intelligences ont été discutées au cours des années, et il est très clair que sa théorie dépasse largement la question du QI et que ces débats rejoignent certains relatifs à la créativité : est-elle générale ou par domaine ? Son travail aussi a largement outrepassé les frontières de l'intelligence et il a notamment travaillé sur cette question précise de la créativité (1993 ; 2018).

c) La structure de l'Intellect - Joy Paul Guilford

Dans les années 50, Joy Paul Guilford, 27ème des 100 psychologues les plus influents du 20ème siècle (Haggbloom et al., 2002), étudie l'intelligence humaine et va écrire un article dès 1956 qui a pour objectif de « décrire une image en développement de la structure de l'intellect humain, adulte, vu en termes de facteurs » (p. 267) subdivisé en cinq catégories d'opérations (cognition et découverte, production et pensée convergente, production et pensée divergente, évaluation, mémoire). Puis il modélise sa théorie illustrant le fonctionnent cognitif humain en 1959 et va expliquer ce que représente ces cinq catégories d'opération :

> « La cognition signifie découverte, redécouverte ou reconnaissance. La mémoire signifie la rétention de ce qui est connu. Deux types d'opérations de pensée productive génèrent de

nouvelles informations à partir d'informations connues et d'informations mémorisées. Dans les opérations de pensée divergente, nous pensons dans des directions différentes, parfois en recherchant, parfois en questionnant la variété. Dans la pensée convergente, l'information conduit à une seule bonne réponse ou à une meilleure réponse reconnue ou conventionnelle. Dans l'évaluation, nous prenons des décisions quant à la bonté, l'exactitude, la pertinence ou l'adéquation de ce que nous savons, de ce dont nous nous souvenons et de ce que nous produisons dans une pensée productive » (p. 470).

Il ajoute aussi deux autres moyens pour classifier les facteurs intellectuels, à savoir le contenu (figuratif, symbolique, sémantique, comportemental) et les produits (unités, classes, relations, systèmes, transformations, implications) et représente la structure de l'intellect à travers un modèle en trois dimensions (p. 470). En outre, il indique que « la particularité de la production divergente est la variété de réponses qui est produite » (p. 473). Enfin, en plus des considérations liées à la psychologie, Guilford analyse les possibles retombées de son modèle dans le champ des sciences de l'éducation. Il appelle les éducateurs à modifier leur « conception de l'apprenant et du processus d'apprentissage » car des « des progrès significatifs dans notre compréhension de l'apprentissage humain et en particulier de notre compréhension des processus mentaux » ont été réalisés (p. 478). Pour ce faire il explique aux éducateurs, que la meilleure position à adopter consiste en la croyance à « la possibilité que chaque facteur intellectuel peut être développé chez les individus au moins dans une certaine mesure par l'apprentissage » (p. 478). Guilford publiera l'un de ses ouvrages les plus connus en 1967, *The Nature of Human Intelligence*, dans lequel il développe encore plus en détails sa théorie avec un pavé contenant 120 cellules. Guilford indiquait qu'« il est de plus en plus reconnu que l'éducation est la réponse à de nombreux problèmes sociaux difficiles, qu'ils soient économiques, politiques, gouvernementaux ou internationaux ».

Ainsi, « les informations issues de la théorie de la structure de l'intellect devraient avoir beaucoup à offrir pour trouver des solutions à ces importants problèmes sociaux » (Guilford, 1967, p. 473). En 1988, à la veille de son décès, il écrit un article pour mettre à jour son modèle de la Structure de l'Intellect (Structure Of Intellect, SOI). Les contenus sont maintenant au nombre de cinq (visuel, auditif, symbolique, sémantique, comportemental) – ce changement avait cependant été déjà réalisé depuis 1977 en séparant le contenu figuratif en deux catégories distinctes, le visuel et l'auditif -, les produits restent inchangés, et les opérations sont maintenant au nombre de six (évaluation, production convergente, production divergente, mémoire de rétention, mémoire d'enregistrement, cognition). Les changements apparaissent donc au niveau de la mémoire avec deux nouvelles opérations dont la mémoire d'enregistrement qui « implique une certaine mémoire à court terme » (1988, Guilford, p. 2) et qui joue un rôle dans les tests de production divergente et ceux de production convergente car elles dépendent toutes deux « fortement de la récupération des informations » mais pas seulement (1988, Guilford, p. 2-3). Enfin, Guilford rappelle qu'au niveau éducatif, les catégories de son modèle « peuvent prendre en compte les phénomènes d'apprentissage, y compris le renforcement, la résolution de problèmes, la pensée créative, la prise de décision et la parole » (1988, Guilford, p. 4).

À nouveau, Guilford, comme Renzulli, comme Gardner,

intègre très largement et associe la question de la créativité (pensée créative, pensée divergente, pensée convergente) à celle de l'intelligence dans son travail.

d) La théorie triarchique de l'intelligence humaine - Robert Sternberg

Robert Sternberg, 60ème des 100 psychologues les plus influents du 20ème siècle (Haggbloom et al., 2002), a développé et publié dans un livre une théorie de l'intelligence qu'il définit comme « une activité mentale orientée vers une adaptation intentionnelle à des environnements du monde réel pertinents pour soi, ainsi que vers la sélection et la mise en forme de ces environnements » (1993, p. 45). Cette théorie est divisée en trois sous-théories :

> «une sous-théorie contextuelle qui relie l'intelligence à l'environnement externe de l'individu, une sous-théorie compositionnelle qui relie l'intelligence à l'environnement interne de l'individu, et une sous-théorie expérientielle qui s'applique à la fois aux environnements internes et externes » (1993, p. 318-319).

La première sous-théorie est reliée à l'adaptation, la sélection et la formation d'environnements quotidiens, la seconde à la performance et à l'acquisition des connaissances et la dernière à la capacité à gérer à la nouveauté (dans les tâches et les situations) et à automatiser le traitement des informations. Les sous-théories sont à la fois indépendantes et interconnectées. Aussi, les tests permettant d'évaluer tous les items de cette théorie doivent mesurer entre autres le raisonnement inductif, le raisonnement déductif, l'acquisition de la compréhension verbale, la manière de traiter les informations ou encore l'intelligence sociale et l'intelligence pratique. En définitive, Robert Sternberg indique que

> « L'intelligence est composée de capacités analytiques, créatives et pratiques. Dans la pensée analytique, nous essayons de résoudre des problèmes familiers en utilisant des stratégies qui manipulent les éléments d'un problème ou les relations entre les éléments. Dans la pensée créative, nous essayons de résoudre de nouveaux types de problèmes qui nous obligent à penser le problème et ses éléments d'une manière nouvelle. Dans la pensée pratique, nous essayons de résoudre des problèmes en appliquant ce que nous savons à des contextes quotidiens » (Sternberg & Grigorenko, 1999, p. 486).

et que « les preuves suggèrent qu'il y a plus dans l'intelligence que le QI. Les capacités créatives et pratiques importent aussi bien que les capacités analytiques plus conventionnelles » (Sternberg & Grigorenko, 1999, p. 487). En outre, il note que la créativité est « une attitude de défiance (...) envers les visions conventionnelles en faveur de nouvelles vues » (2018, p. 318) et plus particulièrement envers les croyances, valeurs et pratiques.

3) Intelligence et troubles neuro-développementaux

Les questions relatives à l'intelligence, aux troubles neuro-développementaux et aux troubles psychiques sont compliquées et complexes. Premièrement car il existe des données scientifiques indiquant que rien ne prédispose les personnes plus intelligentes à présenter plus de troubles psychologiques. Nicolas Gauvrit et Franck Ramus ont écrit une tribune à ce sujet dans laquelle ils dénoncent notamment les entreprises privées et associations qui profitent de la détresse de certaines personnes en difficultés (et je m'associe à cette dénonciation) et où ils présentent une ribambelle d'études pour appuyer le propos qu'être très intelligent ne prédispose pas à des troubles psychologiques[18].

Cependant, à mon sens cela n'indique pas ni que la question ne doit pas être posée, ni qu'elle est tranchée. Une étude menée par MENSA (une association internationale de personnes à haut quotient intellectuel) sur 3715 membres adultes de l'association conclue qu'un QI élevé est un « facteur de risque potentiel de troubles affectifs, de TDAH, de TSA et d'incidence accrue de maladies liées à une dérégulation immunitaire » (Karpinski, 2018, p. 8). Une étude de 2013 a conclu à la même chose dans le cadre de la bipolarité après avoir étudié 1 049 607 hommes suédois, les chercheurs ont conclu que « au moins chez les hommes, une haute intelligence peut en effet être un facteur de risque de trouble bipolaire, mais seulement dans la minorité des cas qui ont le trouble sous une forme pure sans comorbidité psychiatrique » (Gale et al., 2013, p. 190). La revue de littérature sur le haut potentiel intellectuel et les troubles neurodéveloppementaux de la thèse de Lucie Valdenaire conclue aussi que

> « les éléments de la littérature dont on dispose à ce jour suggèrent que la cooccurrence entre le HPI et les troubles neurodéveloppementaux comme le TSA ou le TDAH est possible. Cette cooccurrence n'est vraisemblablement pas liée au hasard, cependant la faiblesse des données disponibles ne permet pas à ce jour de l'estimer précisément » (2019, p. 51).

---

[18] *FranceInfo. (2016). Être très intelligent ne prédispose pas à des troubles psychologiques. https://www.francetvinfo.fr/sante/psycho-bien-etre/etre-tres-intelligent-ne-predispose-pas-a-des-troubles-psychologiques_1983691.html#_ftnref2*

L'autre chose à mettre en perspective et discuter dans cette tribune est l'affirmation selon laquelle les troubles du spectre autistique (TSA) sont plus souvent accompagnés de retard mental que d'un QI très élevé. Plusieurs facteurs peuvent expliquer ceci : les personnes autistes avec retard mental sont socialement visibles (et très certainement plus qu'une personne avec retard mental sans autisme) et sont socialement diagnostiqués, et beaucoup plus que celles ayant un QI supérieur à 130. On peut évidemment citer des études travaillant sur une population autiste où 55% ont un QI inférieur à 70 (Charman et al., 2011) mais est-ce que cela signifie pour autant et de manière définitive et ferme que la courbe de Gauss de l'intelligence n'est pas répartie de la même manière chez les personnes « normales » que chez les personnes avec des troubles neuro-développementaux ? Je ne pense pas qu'on puisse d'ores et déjà avoir une réponse, d'autant plus lorsque nous avons écho de la difficulté pour les personnes avec des troubles neuro-développementaux et un QI élevé de se faire diagnostiquer (et pour les femmes cela est encore plus compliquée[19]) et la difficulté pour les chercheurs de les trouver et les interroger. Une étude de 1931 a conclu à une « distribution moyennement normale des quotients intellectuels chez les personnes atteintes de maladies nerveuses et mentales » (Schott, 1931). L'avenir nous en apprendra davantage.

––––––––––––––––––––––

[19] *La Tribune. (2020). "Aspergirl", ces femmes autistes qui s'ignorent. https://www.latribune.fr/opinions/tribunes/aspergirl-ces-femmes-autistes-qui-s-ignorent-747194.html*

QUI SONT VRAIMENT LES ANORMAUX ?

La dernière question qui n'est pas posée dans la tribune de Nicolas Gauvrit et Franck Ramus est celle de la conception de l'intellect et de l'intelligence au-delà des cadres du QI (par souci d'honnêteté intellectuel j'admets aussi que cette question a été abordé par Franck Ramus à d'autres moments[20]). Par ailleurs, nous savons aussi que les tests de QI sont adaptés à une norme sociale et non à la cognition particulière des personnes avec troubles neuro-développementaux et l'objectif de départ des tests de QI était justement de permettre de dissocier les enfants dans la norme des enfants hors de la norme (Binet & Simon, 1905) et des études sont réalisées dans ce sens, notamment au Canada et dans le cadre de l'autisme (Mottron et al., 2013 ; Nader et al., 2015 ; Nader et al., 2016 ; Samson et al., 2011). En outre, les tests de QI ne mesurent ni la créativité, ni la motivation, ni les réalisations des individus et ils mesurent des critères selon des normes sociales et culturelles (et donc politiques) que tout le monde ne partage pas et ces tests sont largement critiqués dans la communauté scientifique, notamment concernant le fait qu'ils représenteraient à eux-seuls l'intelligence.

Enfin, nous pouvons citer autant d'études montrant qu'il n'existe aucun lien entre intelligence (QI) et troubles neuro-développementaux comme le font Nicolas Gauvrit et Franck Ramus (qui ont à mon sens en premier lieu écrit cette tribune pour dénoncer les nouveaux business New Age et pseudo-scientifiques autour du

---

[20] *Cerveau et Psycho. (2012). L'intelligence humaine, dans tous ses états. https://www.cerveauetpsycho.fr/sd/cognition/lintelligence-humaine-dans-tous-ses-etats-6646.php*

haut potentiel) que d'études montrant que ces relations existent dans la bipolarité (MacCabe et al., 2010 ; Smith et al., 2015), dans la schizophrénie (Teng et al., 2018 ; Smeland et al., 2020) ou les TSA (Clarke et al., 2016 ; Crespi, 2016) par exemple et donc qu'il faut raison garder sur le sujet pour le moment (surtout quand on parle de l'intelligence sans y intégrer la créativité). D'autant plus que les études génétiques apportent des données beaucoup plus précises et fiables que ne le font les sciences humaines et sociales et il convient donc de ne pas les ignorer, comme le remarque Franck Ramus[21]. Dans tous les cas, cette question sera approfondie plus loin dans le livre, notamment sous l'angle d'une conception beaucoup plus large des troubles neuro-développementaux.

4) Intelligence et raison

Selon Robert Sternberg,

> « Que l'on croie en une seule intelligence (g ou QI) ou en plusieurs intelligences ou quelque chose entre les deux, le comportement de certaines personnes semble inexplicable en termes de ce que nous savons de l'intelligence. Pourquoi les gens pensent-ils et se comportent-ils de manière si stupide qu'ils finissent par détruire leur gagne-pain ou même leur vie ? (...) La "stupidité" ne fait pas ici référence à un retard mental, à un trouble d'apprentissage ou à l'une des étiquettes habituelles attribuées aux personnes qui réussissent mal à l'un ou l'autre des tests conventionnels. Beaucoup de ces personnes fonctionnent bien dans leur vie

---

[21] *Ramus Méninges. (2020). Éthique et génétique. http://www.scilogs.fr/ramus-meninges/ethique-et-genetique/?fbclid=IwAR20BQz7k5dfnz2nACoNb4t1e4JxIdzqiC3bluoFg_1D3B whyStAK7Aj9P4*

quotidienne. Au contraire, l'accent est mis ici sur ceux qui démontrent le genre de stupidité qui peut nous couper le souffle. De toute évidence, il ne s'agit pas (...) de stupidité au sens conventionnel, basé sur le QI. Mais la stupidité au sens conventionnel n'est presque jamais celle qui détruit la vie des gens ou celle de ceux qui les entourent » (Sternberg, p. vii-viii).

Ainsi, cette absence de synchronisme entre l'intelligence et la raison (dans le sens de raisonner, réfléchir et non pas d'avoir raison) est importante à aborder car c'est une idée reçue, un mythe assez répandu, à savoir que les personnes « intelligentes » seraient toujours « rationnelles » et qu'il faudrait donc toujours écouter et suivre les plus intelligents. Cela se traduit de différentes manières que Keith Stanovich décrit comme quand

> « Par exemple, les gens n'évaluent pas correctement les probabilités, ils affichent un biais de confirmation, ils testent des hypothèses de manière inefficace, ils violent les axiomes de la théorie de l'utilité, ils ne calibrent pas correctement les degrés de croyance, ils surprojectent leurs propres opinions sur les autres, ils affichent des effets de cadrage illogiques, ils honorent de manière non économique les coûts irrécupérables, ils permettent aux connaissances antérieures de s'impliquer dans le raisonnement déductif et ils affichent de nombreuses autres informations » (2002, p. 125).

Et il donne l'exemple des millions de dollars dépensés par un gouvernement dans des projets futiles, des médecins réalisant des opérations non nécessaires ou donnant des traitements inefficaces, des personnes chassant certains animaux jusqu'à leur extinction etc. car les individus cherchent avant tout à maximiser leur plaisir en fonction de leurs croyances. Ainsi, selon lui, « il semble que beaucoup de gens assez intelligents font des choses incroyablement stupides. Comment comprendre cette apparente contradiction ? » (p.

127).

Pour mieux comprendre cette situation, il propose des niveaux cognitifs (en se basant sur la littérature scientifique) : le niveau biologique, le niveau algorithmique (correspondant à l'efficience cognitive) et enfin le niveau intentionnel en expliquant que les dispositions de pensée (ouverture d'esprit, persévérance ou discernement par exemple) devraient être dissociées des capacités cognitives et dépendent des différences individuelles. Ainsi, il nomme cette distinction entre intelligence et raison la « dysrationalité », c'est-à-dire « l'incapacité à penser et à se comporter de manière rationnelle malgré une intelligence adéquate » (p. 138). Il cite les contradictions et les débats scientifiques sur la question de la raison et des émotions et décrit l'ensemble des modèles existants présentés sous la fameuse formule « système 1, système 2 » vulgarisée et présentée au grand public par Daniel Kahneman (2011) quelques années plus tard. Par ailleurs, il donne aussi d'autres exemples tels que des professeurs d'universités reconnus qui sont créationnistes ou négationnistes bien que les études et les méta-analyses montrent que l'intelligence (QI) est corrélée négativement avec la croyance religieuse, cela signifie que plus le QI est élevé plus la probabilité de croire en une religion est basse, et que la raison pourrait être l'adoption d'une pensée analytique (Zuckerman et al., 2013 ; Zuckerman et al., 2020) alors que l'intelligence émotionnelle serait corrélée positivement avec la religiosité et médiée par l'empathie (Łowicki et al., 2020). D'autres chercheurs suggèrent que la corrélation négative entre intelligence et religiosité serait médiée par les traits autistiques chez les personnes très intelligentes (Dutton et al., 2019) et que l'autisme pourrait être un « trouble de haute intelligence » car des preuves convergentes montreraient que

> « l'autisme et un haut QI partagent un ensemble diversifié de corrélats convergents, comprenant une grande taille du cerveau, une croissance cérébrale rapide, des capacités sensorielles et visuelles-spatiales accrues, des fonctions synaptiques améliorées, une concentration attentionnelle accrue, un statut socio-économique élevé, une prise de décision plus délibérative, la profession et les intérêts professionnels en génie et en sciences physiques, et des niveaux élevés d'accouplement assortatif positif » (Crespi, 2016)

mais aussi car l'autisme est aussi corrélé négativement avec la religiosité (Caldwell-Harris et al., 2011 ; Dutton et al., 2018). Cela semblerait cohérent et pourrait expliquer ce que note Tony Attwood dans son livre sur le Syndrome d'Asperger (2010) :

> « En parlant avec un garçon Asperger, l'interlocuteur aura probablement l'impression que l'enfant est un "petit professeur" qui utilise un vocabulaire avancé pour un enfant de cet âge, et qui est capable de raconter beaucoup de faits intéressants (ou ennuyeux). Les filles Asperger peuvent avoir l'air de "petites philosophes", capables de réflexions profondes sur les situations sociales. Dès leur plus jeune âge, les filles Asperger ont utilisé leurs aptitudes cognitives pour analyser les interactions sociales, et discutent plus fréquemment que les garçons Asperger des différences entre les conventions sociales et leurs réflexions sur les événements sociaux.
>
> (...)
>
> Nous nous rendons compte que des avancées significatives dans les sciences et les arts sont dues à des personnes qui avaient une manière de pensée différente et présentaient beaucoup de caractéristiques associées au Syndrome d'Asperger (James 2006). Les gens traditionnels ont une manière de penser sociale/linguistique, mais avoir une vision et une gamme d'aptitudes intellectuelles alternatives peut comporter des avantages qui peuvent déboucher sur des talents estimables. Liliana, une femme Asperger avec des aptitudes intellectuelles considérables, m'a dit que "le langage est une cage pour la pensée", et beaucoup de progrès dans les sciences et la philosophie ont été

accomplis par des conceptualisations alternatives qui n'étaient pas fondées sur une pensée linguistique » (p. 42-136).

Laurent Mottron propose d'ailleurs l'autisme comme une autre forme d'intelligence (Mottron, 2016, 2017). Tout ceci pourrait aussi expliquer les décalages au niveau de la « théorie de l'esprit » chez certaines personnes : comment une personne très rationnelle peut ou pourrait comprendre une personne très irrationnelle ?

En définitive nous constatons que le QI n'est pas directement et exclusivement lié à la capacité de raisonner, mais plutôt à une question d'efficience cognitive. Nous pouvons être très intelligents et faire des choses stupides. Certains animaux sont considérés comme « intelligents » (les corbeaux, les singes, les dauphins...) et peuvent résoudre des problèmes signifiant qu'ils ont des capacités cognitives certaines, mais ils ne sont pas capables de faire preuve de raisonnement. Nous pouvons aussi prendre l'exemple de l'Intelligence Artificielle qui est capable de réaliser des prouesses mais qui n'a pas de fonctionnement autonome (à ce jour du moins), de beaucoup de généraux nazis qui avaient plus de 130 ou plus de 140 de QI (Weiz, 1992, p. 332) et ont massacré des millions de personne en se basant sur des théories scientifiques totalement farfelues et la soumission à l'autorité pour se justifier, de la maladie Nobel qui est une situation dans laquelle un prix Nobel tombe dans des théories pseudo-scientifiques[22] ou des docteurs et

---

[22] *Gorski, D. (2012). Luc Montagnier and the Nobel Disease.*

professeurs d'université américains publiant des livres remplis de théories New Age (comme les enfants Indigo par exemple). Ainsi, les théories sur l'intelligence incluent rarement cette question de la raison, et rarement celles sur la métacognition des pensées, des émotions et des comportements. Si nous reprenons un exemple cité plus haut, dans le cadre de la religion, la position rationnelle serait celle de l'ignosticisme, c'est-à-dire affirmer que l'on ne peut pas savoir, qu'il est nécessaire de clarifier les définitions du mot « dieu », et qu'on puisse avoir des concepts qui soient réfutables, et éloignés de la vision générale expliquée parfaitement par Albert Einstein : « Le mot Dieu n'est pour moi rien d'autre que l'expression et le produit des faiblesses humaines, et la Bible un recueil de légendes vénérables mais malgré tout assez primitives »[23]. Même si ce qui est rationnel n'est pas toujours vrai ou la vérité, ni même toujours la « bonne » solution, cela reste souvent préférable car obtenu après un raisonnement en fonction d'un ensemble d'éléments à un moment donné et nécessite d'être actualisé au fur et à mesure que les connaissances avancent et ne pas rester dans des raisonnements faux comme par exemple croire en 2020 que la Terre est plate. Ainsi, la raison est clairement reliée à l'esprit critique. D'ailleurs, Keith Stanovich a largement travaillé sur sa théorie au cours des années (Stanovich, 2009 ; Stanovich et al., 2011, 2019) et propose

---

https://sciencebasedmedicine.org/luc-montagnier-and-the-nobel-disease/
[23] *Huffington Post. (2018). Que dit la lettre d'Einstein sur Dieu vendue 2,89 millions de dollars. https://www.huffingtonpost.fr/2018/12/05/que-dit-la-lettre-deinstein-sur-dieu-vendue-2-89-millions-de-dollars_a_23608963/*

dorénavant un test d'« Évaluation complète de la pensée rationnelle » (Stanovich et al., 2016).

En définitive, le concept de l'intelligence, ses rapports avec d'autres notions telles que la motivation, la détermination, la raison ou encore la créativité et les troubles neuro-développementaux promettent d'animer de nombreux débats pendant encore longtemps et si une seule personne se propose de donner une définition ou une conception présentée comme ferme et définitive alors celle-ci se tromperait très certainement. L'intelligence, comme beaucoup d'autres concepts, n'échappe pas aux questions politiques, sociales, culturelles, scientifiques et donc les conceptions, modèles, théories (qui sont beaucoup plus nombreuses que celles présentées ici) peuvent donc être variables selon le lieu et le moment. Et il n'est pas étonnant de penser que si un jour le QI venait à être abandonné, cela représenterait une profonde révolution d'un point de vue anthropologique d'une part, mais cela pourrait aussi l'être d'un point de vue plus général (zoologique, botanique, etc.). Ainsi, comme Hans Eysenck l'écrit :

> « Pour la plupart des gens, ces avertissements ne seront pas nécessaires. Une mesure de l'intelligence n'est que cela - une mesure de l'intelligence. Ce n'est pas une mesure de l'homme - ou, comme l'affirme le titre du livre de Gould, une erreur de mesure de l'homme. Il y aurait bien plus à entrer dans cela que la simple intelligence. Mais sans intelligence, l'homme ne serait guère mieux qu'une brute, alors évaluons-la pour ce qu'elle est - une partie importante de l'homme, mais seulement une partie. Le professeur de Carlyle, sec comme poussière sans aucun doute, avait un QI formidable mais pas d'originalité ni de créativité, des choses que nous apprécions davantage. De nombreux membres de Mensa, la société à QI élevé, n'ont apporté que peu ou pas de contribution réelle à la société. L'intelligence tire une partie de son importance du fait que nous pouvons la mesurer, et par conséquent en savoir

beaucoup à son sujet. Pas assez, mais la recherche améliore constamment nos connaissances et rend de plus en plus probable que nous serons en mesure d'utiliser nos connaissances pour le bien de la société. Prétendre, comme le font souvent des écrivains volubles, que les psychologues ne s'occupent que du QI et négligent d'autres aspects de l'homme, est absurde et faux. Il prend sa place parmi les autres critiques absurdes et fausses dont j'ai discutées plus tôt. Aucun psychologue n'a jamais avancé de telles notions, et seuls les ignorants pourraient imaginer qu'un seul l'ait fait » (1998b, p. 196).

D'où l'intérêt d'étudier d'autres caractéristiques humaines, telles que la créativité.

B) La créativité

1) Quelques définitions et théories de la créativité

À l'instar de l'intelligence, il existe de nombreuses théories et de nombreux modèles relatifs aux conceptions de la créativité dont le nombre ne cesse d'augmenter depuis les années 60.

Mel Rhodes a proposé en 1961 ce qu'il appelait les 4 P de la créativité, c'est-à-dire que quatre éléments composent et sont à analyser pour comprendre la créativité : l'individu, l'environnement, les processus cognitifs et les productions (Rhodes, 1961). Depuis, le nombre de « P » a largement été modifié et certains chercheurs en ont proposé des nouveaux. Puis les ressources à mobiliser pour faire preuve de créativité ont été analysées par Robert Sternberg et Todd Lubart (1991) et ajoutant aux 4 P les connaissances, la personnalité ou encore la motivation.

Par ailleurs, les influences des différentes cultures ont aussi été étudiées (Lubart, 1990 ; Glăveanu, 2010) afin de mieux prendre en compte les contextes dans lesquels se déroule la créativité, et notamment mettre en lumière que les conceptions de la créativité varient selon le temps et l'espace.

En outre, James Kaufman et John Baer (2005) se sont intéressés à l'une des questions les plus centrales de la créativité : les domaines. La créativité est-elle une compétence générale ou une compétence spécifique (liée à une discipline en particulier) ? Leur modèle est basé sur une métaphore d'un parc d'attractions présentant quatre niveaux : les compétences générales à avoir pour faire preuve de créativité (il s'agirait ici d'avoir au choix un véhicule ou au choix un billet de transport pour se déplacer dans le cas de la métaphore) puis le domaine thématique (il s'agirait ici de choisir le thème du parc), et un sujet en particulier (il s'agirait ici de choisir un type d'attraction), et enfin un détail en particulier dans ce sujet (il s'agirait ici de choisir une attraction spécifique). Ainsi, selon eux la créativité est double : elle requiert des compétences générales (de la motivation par exemple) et par domaine (la maîtrise d'un instrument ou d'une technique par exemple).

Enfin, Ronald Beghetto et James Kaufman (2009) ont travaillé sur la question de l'échelle, des niveaux de créativité : est-on seulement créatif lorsque l'on réalise une œuvre artistique qui fait l'unanimité, que l'on théorise une idée qui va révolutionner la culture ou peut-on aussi l'être dans sa vie de tous les jours ou au travail ? Ils proposent ainsi quatre niveaux de créativité comprenant la créativité dans la vie quotidienne, au travail et dans le cas de contributions majeures au monde.

Aujourd'hui, l'une des définitions largement utilisée et acceptée est celle de Todd Lubart, Christophe Mouchiroud, Sylvie Tordjman et Franck Zenasni selon qui la créativité est « la capacité à réaliser une production qui soit à la fois nouvelle et adaptée au contexte dans lequel elle se manifeste » (2015, p. 23).

2) Historique de la dissociation sémantique et scientifique entre intelligence et créativité

Les mécanismes sous-jacents de la créativité dépendent évidemment de la définition et de ses fondements : dans le cadre de la créativité occidentale (basée sur des processus cognitifs et de la résolution de problèmes) les mécanismes seront différents de ceux de la créativité orientale davantage basée sur des processus émotionnels, personnels et intrapsychiques (Lubart, 1990). L'approche occidentale est dominante dans le monde de la recherche mais il n'est pas exclu que dans les prochaines décennies la définition et les contours de la créativité évoluent à nouveau comme cela a été le cas durant les 70 dernières années.

a) Génie, folie, intelligence et créativité

Bien avant Guilford, des chercheurs ont entrepris des recherches sur les personnes éminentes (qui étaient considérées avant tout comme « intelligentes », la créativité faisant partie de cette intelligence). Ainsi, dès le 19ème siècle des recherches et investigations ont commencé et tout comme les études sur l'intelligence et la créativité dans les années 1950/1960 ont commencé sur les enfants surdoués, les études sur la recherche des mécanismes neurobiologiques et génétiques des personnes éminentes ont commencé par étudier l'intelligence.

James McKeen Cattell a soutenu sa thèse en 1886 « Psychometrische Untersuchungen » (examens psychométriques) dans laquelle il analysait la vitesse des processus psychologiques, dont certains liés à la conscience, qui « constituent la vie mentale de l'imagination et du sentiment » (1886, Cattell). À cette même époque, Francis Galton, influencé par les travaux de son cousin Charles Darwin sur l'évolution biologique des espèces par la sélection naturelle (1859), publie plusieurs livres sur l'inné et l'acquis, sur les génies et les hommes de science (1869, 1874). Son livre sur les génies et l'hérédité est publié en 1869. Il y analyse notamment plus de « 300 familles comptant entre elles près de 1 000 hommes éminents, dont 415 illustres » (1892, p. 316). Dans une nouvelle préface de l'édition de 1892, il indique d'une part qu'il devrait s'appeler « capacité héréditaire » et non « génie héréditaire » (1892, p. ix) mais aussi qu'

> « Il y a beaucoup de choses indéfinies dans l'application du mot génie. Il est appliqué à de nombreux jeunes par ses contemporains, mais plus rarement par des biographes, qui ne sont pas toujours d'accord entre eux. Si le génie signifie un sens de l'inspiration, ou des ruées d'idées provenant de sources apparemment surnaturelles, ou d'un désir démesuré et brûlant d'accomplir une fin particulière, il est dangereusement proche des voix entendues par les fous, de leurs tendances délirantes ou de leurs monomanes. Dans de tels cas, il ne peut pas s'agir d'une faculté saine, et il ne peut être souhaitable de la perpétuer par héritage » (1892, p. x).

Il fait aussi le lien entre la notion de « génie » et de « folie » en indiquant que « ceux qui sont trop impatients et extrêmement actifs à l'esprit doivent souvent posséder des cerveaux plus excitables » et sont « susceptibles de devenir fous parfois, et peut-être de tomber en panne » (1892, p. x).

Puis en 1905 Alfred Binet et Théodore Simon publient un article appelé « Méthodes nouvelles pour le diagnostic du niveau intellectuel des anormaux » dans la revue L'Année psychologique dans lequel ils indiquent que leur « but est, lorsqu'un enfant sera mis en notre présence, de faire la mesure de ses capacités intellectuelles, afin de savoir s'il est normal ou si c'est un arriéré » (1905, p. 191). Pour ce faire, leur démarche se borne à fixer le niveau intellectuel des enfants puis ils indiquent que « nous le comparerons à celui d'enfants normaux de même âge, ou de niveau analogue » (1905, p. 193). Leur série d'épreuves contenait des tests sur la coordination cerveau-œil (1905, p. 199), la préhension (1905, p. 200), des examens gustatifs (p. 200-201), des tests de coordination et de vocabulaire (p. 202-208), des tests de perception (p. 208), de mémoire (p. 209), des tests d'attention et de comparaison (p. 210), de suggestibilité (p. 211), de dessin (p. 215), d'observation (p. 216), de rimes (p. 218), de jugement (p. 219), d'invention (p. 220), d'imagination visuelle (p. 221), de découpage (p. 222), ou encore des tests de similarité (p. 223) comme on pourra en trouver ultérieurement dans certains tests de créativité comme dans l'étude réalisée par Michael Wallach et Nathan Kogan (1965, p. 25-40). Puis après la mort de Binet en 1911, le test est révisé, notamment par le psychologue américain, professeur à Stanford et père d'un des fondateurs de la Silicon Valley, Lewis Terman, en 1916 et 1937 dans le but de corriger ses imperfections et le rendre utilisable en dehors du monde de la psychologie et plus particulièrement dans l'éducation et le secteur médico-social (1916, Terman, p. xi) et en proposant deux échelles au lieu d'une afin d'obtenir un meilleur échantillonnage des capacités évaluées (1937, Terman, p. ix). Lewis Terman, 72ème des 100 psychologues les plus influents du 20ème siècle (Haggbloom et al., 2002), est aussi connu et reconnu pour avoir travaillé sur les thèmes des génies et des enfants surdoués car comme il l'indiquait « la pédagogie du génie offre des mondes inconnus à explorer » (1922, Terman, p. 318). En 1925 il publie son ouvrage sur la génétique des génies en deux tomes. Le premier concerne les traits mentaux et physiques de mille enfants surdoués dont le but était de « déterminer en quoi l'enfant doué typique diffère de l'enfant de mentalité normale typique » (Terman, 1925, p. vi) et le second concernait les traits mentaux de l'enfance de 300 génies pour vérifier l'hypothèse selon laquelle « les soi-disant génies ne sont pas seulement caractérisés par un QI supérieur dans l'enfance, mais aussi par des traits d'intérêt, d'énergie, de volonté et de caractère qui préfigure les performances ultérieures » (Cox, 1926, p. ix). Ce que Terman définit comme « génie » ne semble donc pas n'être lié qu'au QI. En 1916, cependant, il qualifiait une classification de l'intelligence avec un ultime niveau « "proche" de génie ou génie » pour un QI au-dessus de 140 (p. 79) et il écrivait qu'il

> « existe de nombreux degrés d'intelligence, allant de l'idiotie d'une part au génie de l'autre. Parmi ceux classés comme normaux, il a été constaté que de vastes différences individuelles existent dans la dotation mentale d'origine, différences qui affectent profondément la capacité de profiter de l'enseignement scolaire » (p. 4).

QUI SONT VRAIMENT LES ANORMAUX ?

Mais ce terme ne semble plus apparaître dans sa révision du test de Binet de 1937 dans lequel il descend le dernier niveau à 130. Cela pourrait indiquer une première dissociation entre les génies, ou personnes éminemment créatives et les personnes très intelligentes. Ce glissement a aussi été opéré par Nathaniel David Mttron Hirsch en 1931 dans son livre intitulé Génie et Intelligence Créative. Cette dissociation sera aussi explicitée ultérieurement avec la théorie du seuil ou encore les études et écrits relatifs aux prix Nobel. James Gleick, journaliste américain, écrivait en 2011, que le physicien américain Richard Phillips Feynman qui a obtenu le prix Nobel de physique en 1965 pour ses travaux sur l'électronique quantique avait un QI de seulement 125 (p. 32). Hans Heysenck faisait aussi le même constat en 1998 quand il écrivait que

> « Ce qui est évident, c'est que les génies ont un haut degré d'intelligence, mais pas excessivement élevé - il existe de nombreux témoignages de personnes dans la population avec un QI aussi élevé qui n'ont rien obtenu de comparable au statut de génie » (2018, p. 127).

Toujours en 1998, Arthur Jensen, psychologue américain écrivait qu'« outre les traits que Galton jugeait nécessaires à l'"éminence" (à savoir, la capacité élevée, le zèle et la persévérance), le génie implique également une créativité exceptionnelle » (1998, p. 577). D'où l'importance de rechercher de nouveaux critères physiologiques de la créativité en dehors des sphères de l'intelligence générale. Hans Eysenck propose un modèle de créativité qui part de l'ADN (hérédité) jusqu'à la réalisation créative en soulignant le rôle des structures neurophysiologiques (hippocampes, neurotransmetteurs, personnalité et cognition) (1998b, p. 177).

b) Les enfants à haut potentiel et la théorie du seuil

En 1950, Paul Guilford (alors président de l'APA) indique que les chercheurs n'ont pas étudié la créativité et les aspects créatifs de la personnalité. Il rappelle que pendant trop longtemps le concept de créativité a été exclusivement associé à l'intelligence et au QI. Il encourage ainsi les chercheurs de l'époque à commencer à approfondir la question de la créativité qu'il définit comme les

> « capacités qui sont les plus caractéristiques des personnes créatives. Les capacités créatives déterminent si l'individu a le pouvoir d'exposer un comportement créatif à un degré notable. Le fait que l'individu possédant les capacités requises produise ou non des résultats de nature créative dépendra de ses traits de motivation et de tempérament (…). La personnalité créatrice est alors une question de ces modèles de traits qui sont caractéristiques des personnes créatives. Un modèle créatif se manifeste dans le comportement créatif, qui comprend des activités telles que l'invention, la conception, l'ingénierie, la composition et la planification. Les personnes qui présentent ces types de comportement à un degré marqué sont reconnues comme étant créatives » (p. 444).

Il critique aussi de manière virulente l'éducation de masse qui décourage et amène les enfants à se conformer aux normes et il en appelle à modifier l'enseignement. Dorénavant, les chercheurs vont commencer à s'intéresser aux personnes très créatives (et notamment les enfants avec des QI de plus de 130), à créer des tests de mesure de créativité, à créer des modèles théoriques et s'interroger sur les domaines de créativité. En 1954, Guilford et son équipe ont utilisé 53 tests mesurant la pensée créative auprès de 410 adultes. Après avoir mis en corrélation les scores, ils ont identifié quatorze facteurs dont la compréhension verbale, la facilité numérique, la vitesse de perception, la visualisation, le raisonnement général, la fluidité des mots, la fluidité associative, la fluidité idéationnelle, l'originalité, la redéfinition, la flexibilité adaptative, la flexibilité spontanée et la sensibilité aux problèmes (Wilson et al., 1954).

Dans les années 50 et 60, Paul Torrance et d'autres chercheurs ont commencé à étudier les caractéristiques des enfants créatifs et les facteurs affectant la créativité de ces enfants. Dès 1958, Ellis Paul Torrance et son équipe de l'Université du Minnesota vont essayer « d'adapter certains des tests de Guilford afin qu'ils puissent être utilisés par les enfants dans les premières années scolaires » (1959, p. 311) et jusqu'au doctorat. L'équipe de chercheurs a ainsi utilisé de nombreux tests afin d'obtenir des scores de fluidité idéationnelle, de flexibilité spontanée, de niveau inventif et de constructivité (1959, p. 311). Dans les années qui suivent, ils testent de nombreux instruments pour mesurer entre autres les activités de pensée créative des enfants, les réalisations créatives des jeunes et des adultes, les motivations personnelles et sociales, des critères de personnalité créative, les comportements divergents tout en prenant en compte l'interculturalité des participants (1967, p. 140) et à l'aide d'items variés : l'aisance verbale, la flexibilité verbale, l'originalité verbale, la fluidité figurale, la flexibilité figurative, l'originalité figurative, et l'élaboration figurative (1967, p. 147).

L'un des objectifs était d'étudier et de déterminer « si les enfants et les jeunes identifiés comme créatifs se comportent de manière similaire à la manière dont les éminents créateurs du passé se comportaient lorsqu'ils étaient enfants et jeunes » (1967, p. 142). Après ces neufs années d'études, Torrance formule une définition de la créativité qui est selon lui « un processus par lequel les difficultés, les lacunes dans les informations et les incongruités sont détectées, et la résolution de la tension qui en résulte est recherchée à travers le questionnement, la recherche d'informations supplémentaires et de nouvelles relations, la supposition ou l'hypothèse, le test de ces hypothèses, leur correction et la communication des résultats » (1967, p. 142).

En définitive, Torrance souligne que les enfants très créatifs « ont tendance à se forger une réputation d'idées farfelues ou idiotes », ont des « idées hors des sentiers battus » et « sont caractérisés par l'humour et le jeu » (1959, p. 315) et qu'ils sont de facto rejetés par leurs camarades (Torrance, 1959-1960). Puis il confirme cela en 1960 quand il écrit que « les enfants qui obtiennent une note élevée aux mesures de créativité semblent être écartés par leurs pairs et leurs enseignants et ont tendance à manifester des comportements qui appellent des sanctions de la part de leurs pairs » (1960, p. 220). Enfin, il confirme à nouveau ces découvertes en 1961 en mettant en exergue, de manière plus détaillée, les problèmes vécus et les caractéristiques des enfants hautement créatifs : ils sont sanctionnés pour leur divergence, ils ne rentrent pas dans les cases, ils préfèrent apprendre par eux-mêmes, ils aiment tenter des tâches difficiles, ils recherchent un but, ils cherchent à affirmer leur unicité et ils sont écartés par les autres en raison de leurs caractéristiques qui forgent leur créativité (Torrance, 1961a). Torrance met aussi en lumière les blocages qui empêchent la créativité de se développer, à savoir des « tentatives prématurées d'éliminer la fantaisie » et l'imagination des enfants par les parents et enseignants, des « restrictions sur la manipulation et la curiosité de l'enfant », une « insistance excessive sur les rôles genrés » (1959, p. 313), une importance excessive mise sur le fait de gagner et non de faire face à des échecs ou frustrations, une induction de peur et de timidité chez les enfants par les personnes réalisant les passations, et l'accent mis par l'école sur les compétences verbales au lieu de la résolution de problèmes (1959, p. 314). Ce qui est aussi intéressant concernant les résultat de Torrance, c'est qu'il note que la réussite scolaire des enfants très créatifs est comparable à celles des élèves très intelligents et qu'en interrogeant les enseignants il apparaît que « les élèves hautement créatifs sont considérés comme moins souhaitables en tant qu'élèves, moins bien connus des enseignants, moins ambitieux, et moins studieux et travailleurs » contrairement aux élèves très intelligents qui sont considérés « comme plus ambitieux et travailleurs ou studieux » (1959, p. 312). Torrance indique que « le travail de l'école consiste à aider l'enfant très créatif à apprendre à être moins désagréable sans sacrifier sa créativité » (1959, p. 315).

Pour cela, l'enseignant aurait un rôle principal à jouer en aidant l'enfant à ne pas être hostile, agressif ou dominateur dans son comportement ou lorsqu'il affirme des choses, en lui rappelant qu'il doit être diplomate, sincère et honnête tout en respectant ses pairs et ses supérieurs, en le laissant travailler seul mais en évitant qu'il s'isole et arrête de communiquer, et en lui apprenant à ne pas être trop critique (1959, p. 315). Cela est dû au fait que les enseignants apprécient moins et rejettent davantage les élèves avec des pensées créatives moins élevés (1963, p. 220), c'est pourquoi l'enfant « apprend à renoncer, supprimer, ou rediriger sa conduite et ses élans qui sont en décalage avec les normes sociales appropriées » pour se mettre en « conformité avec les normes et les attentes de la société dans laquelle il vit » (Getzels & Jackson, 1962, p. 117). Torrance souligne aussi que les individus les plus créatifs sont aussi moins appréciés dans le monde du travail et de la recherche (1963, p. 220). Torrance remarque par ailleurs que les enfants les plus créatifs ne sont pas ceux qui ont le QI le plus élevé et vice-versa, il constate même une « différence moyenne de 25,6 points de QI entre les groupes hautement intelligents et les groupes très créatifs » (1959, p. 312). Cependant il indique qu'il existe des résultats contradictoires et qu'en général les chercheurs ont « obtenu de manière assez constante des relations petites mais positives et parfois statistiquement significatives entre ces deux types de mesures » que sont l'intelligence et la créativité (1967, p. 147). Finalement, dès 1960, Anne Roe discutait des aspects biologiques et socioculturels dans le développement individuel et intellectuel des scientifiques. À ce sujet, elle écrivait

> « Un scientifique a également besoin d'un bon niveau d'intelligence. Cela ne doit pas être extrêmement élevé, mais cela devrait être bien supérieur à la moyenne dans la plupart des facteurs. Il est probablement nécessaire de spécifier les facteurs séparément. En général, une capacité verbale d'au moins l'équivalent de 120 de QI semble être essentielle pour un chercheur dans n'importe quel domaine, bien qu'une capacité verbale légèrement inférieure couplée à une capacité spatiale ou mathématique élevée soit probablement adéquate pour de nombreuses professions scientifiques (…). Si nous suivons la structure factorielle de Guilford, il est probable que les facteurs de pensée divergente et convergente soient de la plus grande importance, et nous supposerions que des niveaux innés élevés de

celles-ci seraient nécessaires, ainsi que de certains facteurs de cognition et d'évaluation » (Roe, 1960, p. 67).

Puis en 1962, Torrance avait posé cette question : « Quelle doit être la valeur du QI avant qu'un point ne soit atteint lorsqu'un QI plus élevé ne fait que peu de différence et que les capacités de réflexion créative deviennent importantes ? » (1962, p. 62-63), avant d'ajouter

> « Je voudrais proposer que ce seuil soit autour d'un QI de 120. Il a été noté que beaucoup des enfants les plus créatifs atteignent un QI dans les 120 ou légèrement en dessous et que ces enfants réussissent assez bien, en général » (1962, p. 63).

Enfin, en 1964, Kaoru Yamamoto réalise une étude dans laquelle il teste l'intelligence et la créativité de 272 étudiants à l'université et 461 collégiens. Il indique dans ses conclusions que « le phénomène du seuil a été observé » (1964, p. 404) chez les individus avec plus de 120 de QI. Il écrira l'année suivante qu'il pense que « nous devons considérer les tests de créativité comme des composants complémentaires dans des mesures nouvelles et plus inclusives du comportement intellectuel humain, et non comme une mesure totalement indépendante et exclusive du facteur général de l'intelligence » (1965, p. 305). Cropley confirme que « chez les personnes ayant un QI très élevé (au-delà du "seuil", pour ainsi dire), de nouvelles augmentations du QI ne sont pas pertinentes pour une créativité accrue qui est apparemment déterminée, à ce niveau, par d'autres facteurs » (1967, p. 124). D'où l'importance de construire des modèles théoriques de la créativité plus complexes et plus complets.

3) Une créativité innée ou acquise ?

a) À la recherche des marqueurs génétiques et physiologiques de la créativité, du talent et de l'intelligence

En 1978, Albert Katz regrettait que les théories existantes ne donnent pas d'ores et déjà une « image détaillée de la physiologie qui conduit à ces différences individuelles de créativité » (p. 260). Cependant il écrivait aussi que « la théorisation actuelle de la créativité et de l'hémisphère droit est passionnante car elle peut représenter un moyen de catégoriser de nombreux domaines de la créativité ». Ainsi fut alimenté l'un des plus gros mythes en neurologie : celui de l'hémisphéricité[24], c'est-à-dire que les hémisphères du cerveau fonctionneraient de manière indépendante l'un de l'autre et aurait des processus uniques associés sans communication entre eux. Ce mythe né d'hypothèses du 19ème siècle (Corballis, 2018, p. 50-51) est aujourd'hui encore tenace chez le grand public mais aussi chez les scientifiques (2018, p. 54). Ainsi, selon Michael Corballis, professeur émérite au Département de psychologie de l'Université d'Auckland, « l'imagerie cérébrale suggère maintenant que la créativité dépend de circuits généralisés

---

[24] *Fondation La main à la pâte. (2015). Boite à questions : Sommes-nous plutôt "cerveau droit" ou "cerveau gauche" ? https://www.fondation-lamap.org/fr/page/28749/boite-a-questions-sommes-nous-plutot-cerveau-droit-ou-cerveau-gauche*

du cerveau, y compris le réseau en mode par défaut » (p. 54) et comme il le note : il y a « probablement des contributions différentielles, quoique graduelles, de chaque hémisphère, simplement parce qu'il y a des différences fonctionnelles entre elles, mais celles-ci ne semblent pas constituer la simple polarité si largement supposée » (p. 54). Cela confirme aussi le fait que la créativité est un processus complexe qui ne peut se résumer à une sous-partie du cerveau qui serait destinée à la créativité, d'autant plus quand on comprend que le cerveau « est une source naturelle de variation aléatoire » et que la source des idées créatives pourrait au contraire se trouver dans les rêveries, l'imagination ou encore la divagation de l'esprit qui occupe plus de la moitié du temps du cerveau lors des périodes d'éveil (p. 55).

En 1980, Louise Bachtold propose une théorie de la créativité basée sur des critères physiologiques. Selon elle, un comportement créatif pourrait être une réponse physiologique de résolution de problèmes « par un individu intelligent, très émotif, très actif et extrêmement introverti » (1980, p. 701). En effet elle indique que « l'introverti intelligent (un état d'excitation corticale élevée avec une conscience cognitive) perçoit des informations discordantes (un vaste éventail non organisé de données sensorielles et factuelles entrantes) et éprouve du stress ». Ainsi, « ressentant fortement cette condition de stress (forte émotivité), l'organisme énergétique réagit en créant de nouvelles relations perceptives qui apporteront des sentiments de cohérence et d'harmonie à l'organisme qui expérimente » (1980, p. 701). Elle explique que ce sont ces caractéristiques physiologiques qui distinguent les personnes très créatives des autres personnes. Ainsi un individu peu intelligent « pourrait être submergé par une succession chaotique de stimuli rapidement perçus et efficaces » et un individu avec un faible niveau d'activité, même intelligent, pourrait « manquer d'énergie » pour s'impliquer dans une tâche organisationnelle (1980, p. 701). En définitive, Louise Bachtold s'inscrit dans la lignée de Francis Galton et des recherches menées depuis : elle décrit les personnes créatives éminentes comme des individus « ayant une volonté de travailler dur, un niveau d'énergie élevé, de la curiosité et de la persévérance, de l'assurance et aventureuses » (1980, p. 701). Elle explique que ce serait la réaction de certains individus à une forte excitation corticale qui permettrait de matérialiser des comportements créatifs. Ce critère physiologique est aussi repris par Anna Abraham qui propose une extension du modèle de Mel Rhodes en y ajoutant le P de Physiologie pour créer un modèle 5 P (Abraham, 2018, p. 79-80). Selon Anna Abraham, pour comprendre la créativité, il faut avant tout comprendre les opérations mentales qui y sont centrales telles que les analogies, les idées, le flow, les métaphores, la capacité à surmonter les contraintes de connaissance, les expansions conceptuelles… et des modèles telles que les modèles d'attention défocalisée ou de désinhibition sont des explications des différences individuels dans la créativité (2018, p. 75-76). Anna Abraham explique que « la base neuroscientifique ou cérébrale de la créativité fait partie de l'approche physiologique plus large pour étudier et comprendre la créativité » (2018, p. 101), et qu'ainsi, comprendre et analyser le cerveau ne suffit pas pour comprendre et analyser la créativité. Cependant des études neurologiques (sur le fonctionnement et les dysfonctionnements du lobe frontal par exemple) et électrophysiologiques (analyse des ondes alpha par exemple) permettent de mieux comprendre la créativité et les mécanismes neurocognitifs associés (p. 124). Il est essentiel de comprendre aussi que le processus ne fait pas tout, que les résultats doivent être analysés de manière contextuelle car il serait facile de confondre « essayer d'être créatif et être réellement créatif » (p. 171). Enfin, elle appelle à la prudence car elle note que la créativité peut se produire dans tellement de domaines (musique, littérature, arts visuels, sport, sciences...) et qu'il n'est actuellement pas possible pour les méthodes neuroscientifiques de toutes les mesurer (p. 171). En général, la « créativité scientifique est sur-étudiée en psychologie et neurosciences » (p. 294).

Il faudra tout de même attendre 2006 pour que la première étude pilote d'association pangénomique portant sur l'identification de gènes en lien avec la créativité soit menée par Martin Reuter, Sarah Roth, Kati Holve et Jürgen Hennig. Après avoir mesuré l'intelligence puis la créativité avec le Berliner Intelligenzstruktur-Test (BIS-test) qui évalue la créativité figurative, la créativité verbale et la créativité numérique à l'aide d'items relatifs à la production flexible d'idées, la capacité d'imagination et l'habileté à envisager de nombreuses façons et solutions possibles pour résoudre un problème, ils identifient notamment plusieurs polymorphismes génétiques : COMT Val[158] Met, DRD2 Taq IA et TPH A779C. Ces polymorphismes et différents allèles ont été analysés suite à des recherches antérieures mettant en exergue les effets des systèmes dopaminergiques et sérotoninergiques sur le fonctionnement cognitif (attention, mémoire de travail etc.) chez les sujets neurotypiques et neuroatypiques (autisme, schizophrénie etc.). Leurs résultats montrent que la créativité totale n'est pas significativement corrélée aux mesures de l'intelligence, que la créativité numérique est modérément corrélée à toutes les mesures de l'intelligence, que le polymorphisme DRD2 Taq IA est associé à la créativité verbale et la créativité totale, et le polymorphisme TPH A779C est associée à la créativité figurative, verbale et totale. Enfin, ils indiquent aussi qu'il existe d'ores et déjà un grand intérêt des chercheurs pour rechercher les marqueurs biologiques de la créativité mais que les difficultés à réellement définir la créativité et à la mesurer peuvent être des obstacles pour certains chercheurs.

Des marqueurs biologiques et leur héritabilité ont aussi été étudiés dans le cadre de la créativité et du potentiel créatif des individus au niveau des familles. L'une des premières études date de 1973 quand Marvin Reznikoff, George Domino, Carolyn Bridges et Merton Honeyman ont analysé 117 paires de jumeaux, âgés de 13 à 19 ans, répartis en 28 paires de jumeaux monozygotes, 19 paires de jumeaux dizygotes, 35 paires de jumelles monozygotes et 35 paires de jumelles dizygotes à qui ils ont fait une batterie de dix tests de créativité, dont cinq développés par Guilford, et une mesure d'intelligence verbale. Ils indiquent que la majorité des corrélations intraclasses pour les jumeaux monozygotes et dizygotes sur les onze mesures ont atteint une signification statistique, les corrélations ayant tendance à être quelque peu plus élevées dans les groupes de jumeaux monozygotes mais que les résultats globaux n'ont pas fourni de preuves convaincantes d'une composante génétique de la créativité et qu'il était nécessaire d'effectuer de nouvelles recherches.

Trois ans plus tard, Robert Nichols et John Loehlin (1976) ont effectué une revue de littérature sur les jumeaux. Ils ont relevé que les corrélations pour les jumeaux monozygotes étaient supérieures d'environ 0,2 à celles pour les jumeaux dizygotes concernant une variété de traits de capacité (intelligence, mémoire, compréhension verbale, visualisation spatiale, raisonnement, fluidité verbale, pensé divergente…), de personnalité (conformité, flexibilité, impulsivité, socialisation…) et d'intérêts (travaux manuels, science, business, activités solidaires, religiosité, art). Ils ont aussi fait deux constats en analysant les données. Le premier est que la moitié de la variation parmi les personnes dans un large éventail de traits psychologiques est due aux différences entre les personnes dans les caractéristiques génétiques. Le second est que les influences de l'environnement affectent les jumeaux élevés ensemble de la même manière au niveau des capacités, mais de manière différente au niveau de la personnalité et des intérêts (1976, p. 1).

Par la suite, Elena Grigorenko et ses collaborateurs (1992), ont effectué des tests de capacités cognitives générales et spécifiques, de styles cognitifs et de créativité sur 60 paires de jumeaux monozygotes et 63 paires de jumeaux dizygotes en Russie. Ils ont trouvé les mêmes corrélations que celles précédemment mises en lumières, à savoir des données plus probantes pour les jumeaux monozygotes que dizygotes (0,83 et 0,69) et avec des données encore plus marquées au niveau de la créativité. Puis en 2009 Thomas Bouchard, David Lykken, Auke Tellegen, Dawn Blacker et Niels Waller ont fait un état de l'art des recherches dans le domaine et ont effectué des recherches sur des jumeaux élevés dans des environnements différents. Ils indiquent que les résultats suggèrent que « les gènes qui influencent l'expression de la créativité agissent également de manière multiplicative plutôt que de manière additive » (p. 235). Après avoir utilisé l'échelle de personnalité créative qui comprend 30 items ils relèvent une héritabilité statistiquement et significativement élevée (0,54) chez les jumeaux monozygotes et une héritabilité pratiquement nulle pour les jumeaux dizygotes. Ils affirment aussi que les chercheurs « n'ont souvent pas reconnu l'importance des gènes dans le développement de la créativité » (p. 235). Toujours dans l'optique d'approfondir les recherches dans ce domaine, Anna Vinkhuyzen, Sophie van der Sluis, Danielle Posthuma et Dorret Boomsma ont analysé les aptitudes et talents exceptionnels en musique, arts, écriture, langage, échecs, mathématiques, sports, mémoire et connaissances de 1685 paires de jumeaux entre 12 et 24 ans. Ils ont trouvé une faible influence de l'environnement partagé dans ces talents et aptitudes. Ainsi ils concluent que « les facteurs génétiques contribuent dans une large mesure à la variation des aptitudes et des talents dans différents domaines des capacités intellectuelles, créatives et sportives » (2009, p. 280). Cela signifie donc qu'il y a finalement peu de « transmission culturelle d'une génération à l'autre » et que les talents sont plutôt dû à la transmission génétique (de Moor et al., 2013, p.106). Cependant ils ne nient pas l'importance de l'environnement, car effectivement « les enfants qui grandissent avec des parents talentueux sont plus souvent exposés à des facteurs environnementaux favorables » qui leur permettraient de pratiquer leurs talents plus facilement (p. 107).

Cela va dans le même sens que les résultats de Gail Davies et de son équipe (2011, p. 996) qui ont analysé le génome de 3511 adultes sans liens entre eux à travers 549 692 polymorphismes d'un seul nucléotide (PSN) et des phénotypes détaillés sur les traits cognitifs. Ils ont conclu que leurs résultats « confirment sans équivoque qu'une proportion substantielle des différences individuelles dans l'intelligence humaine est due à la variation génétique » (2011, p. 996).

Plus récemment, en 2015, Jaime Velázquez, Nancy Segal et Briana Horwitz ont eux aussi décidé de comparer les niveaux de créativité chez des jumeaux en âge préscolaire. Pour ce faire ils ont étudié 69 paires de jumeaux monozygotes et 53 paires de jumeaux dizygotes qui ont été séparés à la naissance chez qui ils ont analysé leur personnalité et à qui ils ont fait passer des épreuves de créativité figurative (dessine-moi une maison et dessine-moi une personne) évaluées par quatre artistes et quatre personnes non artistes. Ils ont conclu à des effets statistiques significatifs au niveau des effets génétiques de la personnalité (0,5) et de l'épreuve du dessin d'une personne (0,38 à 0,47) mais rien de concluant au niveau de l'épreuve de dessin de la maison (0,23 à 0,26) car cela pourrait s'expliquer par des environnements de vie non partagés par les jumeaux. En définitive ils indiquent qu'il est important pour les parents et enseignants qui souhaitent développer la créativité des enfants de prendre en compte les caractéristiques individuelles (telles que la personnalité ou la motivation) qui peuvent affecter la créativité (2015, p. 149).

b) Les interactions gènes, cerveau et culture

Baptiste Barbot, Mei Tan et Elena Grigorenko écrivent qu'« en tant qu'"habileté", la créativité est un phénomène qui tire son origine des individus » (2013, p. 71) et que les « sources génétiques des différences individuelles de créativité peuvent s'expliquer en partie par des travaux sur les bases génétiques de la cognition (intelligence) et de la conation (personnalité), car les deux contribuent à la capacité des individus à être créatifs » (p. 73). L'autre face de la médaille de la créativité est selon eux l'environnement socioculturel (p. 77). Ils affirment que « les processus sociaux (...) peuvent être cartographiés sur les racines biologiques et génétiques » (p. 83) et que les gènes et la culture interagissent à plusieurs niveaux. Ainsi, ils définissent la créativité non pas « seulement comme une "capacité" individuelle, mais aussi comme un phénomène culturel et temporel qu'elle a fondé biologiquement et qui a un but social » (p. 85) car finalement « il n'y a pas de créativité sans monde social, et il n'y a pas de monde social sans les forces génétiques qui matérialisent les humains et l'humanité » (p. 85). Les études gémellaires ont aussi participé à la création de connaissances dans ce domaine. Après avoir analysé les réalisations créatives et scientifiques auto-rapportées de trois cent trente-huit jumeaux italiens adultes (79 paires monozygotes et 90 paires dizygotes), des chercheurs ont indiqué que « les influences génétiques sur les réalisations créatives artistiques et scientifiques étaient substantielles » (Hur et al., 2014, p. 18). En effet, ils rapportent que « la proportion du phénotype corrélation entre les échelles artistiques et scientifiques attribuable à des facteurs génétiques étaient de 70% » tandis que celle attribuable à des « facteurs environnementaux uniques communs » n'était que de 30% (2014, p. 21). Ces résultats sont comparables avec ceux d'une équipe de onze chercheurs qui ont étudié l'héritabilité de la réussite scolaire de 6 653 paires de jumeaux de 16 ans à travers les résultats obtenus au Certificat général de fin d'études secondaires et dans 83 échelles rassemblées en neuf grands domaines psychologiques avec des items relatifs à l'intelligence, l'auto-efficacité, la personnalité, le bien-être et les problèmes de comportement. Leurs résultats soulignent que « l'héritabilité élevée de la réussite scolaire reflète de nombreux traits génétiquement influencés, et pas seulement l'intelligence » (Krapohl et al., 2014, p. 15273). En effet, selon eux, « les prédicteurs cognitifs et non cognitifs représentaient 75% de l'héritabilité » dans les résultats obtenus au Certificat de fin d'études (2014, p. 15275) ce qui soutiendrait l'idée selon laquelle il faudrait opérer un glissement de « l'éducation vers un apprentissage personnalisé » (2014, p. 15273). L'interaction gène-environnement a aussi été étudié par Christian Kandler, Rainer Riemann, Alois Angleitner, Frank M. Spinath, Peter Borkenau et Lars Penke en 2016. Ils ont analysé les résultats de 600 paires de jumeaux en Allemagne (168 monozygotes et 132 dizygotes) concernant deux types de créativité : celle perçue (qui reflète la pensée et les comportements créatifs typiques) et celle testée (qui reflète la performance créative liée à une tâche). Leurs analyses factorielles ont montré que la créativité perçue était corrélée avec la personnalité (l'ouverture à l'expérience et l'extraversion) tandis que la créativité figurative était associée à l'intelligence et à l'ouverture à l'expérience (2016, p. 230). Par ailleurs, les analyses génétiques ont

« indiqué que l'héritabilité de la créativité figurative testée pouvait être expliquée par la composante génétique de l'intelligence et de l'ouverture à l'expérience » mais qu'une « composante génétique substantielle de la créativité perçue ne pouvait pas être expliquée ».

Ainsi, ils concluent qu'une « source principale de différences individuelles dans la créativité était due aux influences environnementales » (2016, p. 230). Aussi, des études en sociologie et psychologie environnementale sont aussi réalisées telle que celle de Colin Berry sur les prix Nobel et l'origine de leur réalisation scientifique (1981, Berry) à travers l'analyse de la nationalité, de la religion, de la classe sociale des parents et des expériences de l'enfance des lauréats.

c) Créativité et personnalité

Les recherches au niveau des corrélations psychologiques et génétiques entre créativité et personnalité se sont largement développées suite aux travaux de Hans Eysenck, 13ème des 100 psychologues les plus influents du 20ème siècle (Haggbloom et al., 2002), dans les années 1980 et 1990. Dès 1983, il indique que l'originalité et la créativité sont des aspects de la personnalité et non des capacités cognitives liées à l'intelligence. Ainsi une grande réussite créative serait liée « à une combinaison d'une intelligence élevée et d'une configuration de personnalité appropriée » relative à une faible introversion et un haut psychoticisme (1983, p. 10). Puis il écrivait en 1993 qu'il soutenait l'idée selon laquelle « la réussite créative dans n'importe quelle sphère dépend de nombreux facteurs différents », à savoir les capacités cognitives (l'intelligence, les connaissances acquises, les compétences techniques et les talents spéciaux : musical, verbal, numérique...), les variables environnementales (les facteurs politico-religieux, culturels, socio-économiques et éducatifs) et les traits de personnalité (la motivation interne, la confiance, la non-conformité et l'originalité) (p. 153, 1983). Il pensait aussi que l'ensemble des résultats corrélant fortement les psychopathologies à la créativité pourrait être dus au trait « psychoticisme » (caractérisé par de l'agressivité et de l'hostilité) de la personnalité (p. 154). Ainsi la personne créative pourrait être en tension constante entre « deux ensembles de forces antagonistes, dont l'opposition peut être responsable de la tension créatrice qui anime son travail » (p. 167). Hans Eysenck propose ainsi une théorie générale de la créativité matérialisée dans une chaîne causale partant de l'acide désoxyribonucléique (ADN) et arrivant à la réalisation créative en prenant en compte les premiers résultats neurobiologiques et cognitifs de l'époque en lien avec la dopamine, la sérotonine et l'inhibition latente qui est réduite chez les personnes avec un haut QI et des réalisations créatives supérieures (Carson et al., 2003). Ainsi, les gènes influenceraient les systèmes de neurotransmission dopaminergiques et sérotoninergiques ainsi que la formation de l'hippocampe qui influenceraient à leur tour la cognition (l'amorçage négatif, l'inhibition latente, l'inhibition cognitive) qui pourraient être les sources de la personnalité ou de troubles (psychoticisme, schizophrénie, dépression, trouble bipolaire) qui pourraient produire des traits de personnalité créative puis une réalisation créative en fonction de variables socioculturelles et de facteurs cognitifs et motivationnels. Ce que le modèle d'Eysenck montre aussi c'est qu'il pourrait exister une distinction, c'est-à-dire une absence de corrélation automatique, entre la créativité en tant que trait de personnalité ou de capacités cognitives et la créativité au niveau des réalisations personnelles dans les domaines scientifiques ou artistiques par exemple (1993, p. 170). La théorie de la créativité d'Hans Eysenck a largement été étayée dans les trente dernières décennies. Richard Depue et Paul Collins ont examiné la neurobiologie de la structure de la personnalité en 1999 (Depue & Collins, 1999). Ils ont formalisé un modèle expliquant « les effets des différences individuelles dans la transmission de la dopamine sur le comportement, et leur relation avec les traits de personnalité » (1999, p. 491). Ils ont constaté que les différences individuelles dans le réseau cérébrale corticolimbique-striatal-thalamique proviennent de « variations fonctionnelles dans les projections de dopamine de la zone tegmentale ventrale » (1999, p. 491). Ainsi, les « différences individuelles de dopamine favorisent la variation de la plasticité hétérosynaptique » qui agit sur la motivation incitative et le comportement de l'individu et ont un effet sur l'extraversion des individus dont les caractéristiques sont l'engagement interpersonnel et l'impulsivité.

Puis en 2005, Martin Reuter et ses collaborateurs (Reuter et al., 2005) ont réalisé une étude sur la personnalité et les marqueurs biologiques de la créativité à l'aide des Échelles de personnalité en neuroscience affective (ANPS) qui mesure les traits de comportement liés à six systèmes neurobiologiques affectifs. Ils ont analysé l'un de ces systèmes (SEEK) et ont trouvé qu'il était lié à toutes les composantes de la créativité (figurative, verbale, numérique) et qu'il expliquait plus de 15% de la variance de la créativité totale. Puis en 2006, Martin Reuters et son équipe ont identifié que le gène DRD2 et le gène TPH étaient tous deux associés à la créativité totale, expliquant 9% de la variance (Reuter et al., 2006).

En 2006, Rosa Chávez-Eakle, Carmen Lara et Carlos Cruz-Fuentes ont souhaité investiguer ces questions afin « d'évaluer la relation entre la créativité, le tempérament et le caractère, et la détresse psychopathologique » en utilisant notamment les tests de Torrance sur la pensée créative (2006, p. 27). Après avoir analysé trois groupes : des personnes très créatives avec des réalisations artistiques ou scientifiques exceptionnelles, des personnes témoins sans troubles mentaux et des patients psychiatriques non internés, ils ont constaté que les traits de personnalité associés à une plus grande créativité étaient une forte excitabilité exploratoire, un faible évitement des blessures, une persistance élevée, une grande autonomie, une forte coopérativité et que la créativité et les psychopathologies étaient négativement corrélées. Ils ont aussi conclu que « la psychopathologie était plus liée à la personnalité qu'à la créativité » et qu'ainsi le traitement des facteurs de détresse liés à la psychopathologie « pourrait faciliter le développement du potentiel créatif » (2006, p. 27).

En 2008, Angela Leung et Chi-yue Chiu ont étudié l'influence des expériences multiculturelles et du trait de personnalité d'ouverture à l'expérience sur le potentiel créatif d'étudiants. Elles ont trouvé des corrélations positives entre expériences multiculturelles et potentiel créatif seulement chez les individus avec un fort trait de personnalité d'ouverture à l'expérience et des corrélations négatives entre les personnes ayant des expériences multiculturelles et leur potentiel créatif quand elles avaient un faible trait de personnalité d'ouverture à l'expérience (2008, p. 376). Ainsi, elles concluent qu'un « environnement d'apprentissage qui offre des expériences multiculturelles et favorise l'ouverture serait le plus propice au développement du potentiel créatif » (2008, p. 381). Cette interaction entre gènes (et donc personnalité) et environnement a aussi été mise en lumière par Sara Jaffee et Thomas Price qui ont réalisé une revue de littérature sur le sujet et ont conclu que « les résultats des études de génétique moléculaire sont cohérents avec les résultats de la littérature génétique comportementale suggérant que la corrélation entre gènes et environnement est médiée par la personnalité et les caractéristiques comportementales » (2007, p. 439).

Par ailleurs, après avoir évalué le type d'humour et la personnalité de 300 paires de jumeaux monozygotes et 156 paires de jumeaux dizygotes, Philip Vernon, Rod Martin, Julie Schermer et Ashley Mackie ont trouvé que les différences individuelles dans les deux styles d'humour positifs et les cinq traits de personnalité liés au modèle Big-5 étaient en grande partie attribuables à des facteurs génétiques et environnementaux non partagés, tandis que les différences individuelles dans les deux humeurs négatives étaient largement attribuables à des facteurs environnementaux partagés et non partagés (2008, p. 1116).

En définitive, Allison Kaufman, Sergey Kornilov, Adam

Bristol, Mei Tan et Elena Grigorenko décrivent dans leur article sur les fondations neurobiologiques de la cognition créative en 2010 comment « le cerveau fonctionne pour produire de l'activité créative » à travers deux hypothèses fonctionnant en tandem : celle de l'asymétrie hémisphérique et celle de la désinhibition (2010, p. 228). Ainsi le fait d'avoir identifié les points communs entre les comportements et phénotypes des personnes créatives et de celles ayant été diagnostiquées avec des troubles neuro-développementaux d'origines génétiques permet d'asseoir les bases génétiques de la cognition créative en comprenant mieux les compétences créatives héritées génétiquement et les forces du processus d'évolution qui les forment (2010, p. 228). C'est pourquoi les tentatives pour mieux appréhender et comprendre l'étiologie de la créativité, ses fondements neuroscientifiques et neurogénétiques doivent aussi passer pour une évolution constante des définitions, théories et modèles de la créativité (2010, p. 228). Aaron Kozbelt, Ronald Beghetto et Mark Runco décrivaient aussi en 2010 une typologie de la créativité à travers les nombreuses théories (2010, p. 20-47). Ils définissaient ainsi dix catégories dans les théories existantes de la créativité : la théorie développementale (la créativité se développe dans le temps médiée par l'interaction entre l'individu et son environnement), la théorie psychométrique (la créativité peut être mesurée sérieusement, différenciée d'autres processus cognitifs et met l'accent sur sa nature séquencée par domaines), la théorie économique (l'idéation créative et les comportements sont influencés par les forces du marché et les analyses coûts/bénéfices), la théorie du processus par étapes et éléments (l'expression créative se produit à travers une série d'étapes ou d'éléments linéaires et récursifs), la théorie cognitive (les processus de pensée d'idéation sont liés à la personne et ses accomplissements), la théorie de résolution de problème basée sur l'expertise (les solutions créatives proviennent de processus rationnels qui reposent sur des processus cognitifs généraux et une expertise dans un domaine), la théorie relative à la découverte de problèmes (les personnes créatives s'engagent pro-activement dans des processus subjectifs et exploratoires d'identification des problèmes), la théorie évolutionnaire (la créativité éminente résulte de processus évolutionnaires de rétention sélective et de variation aveugle), la théorie typologique (les créateurs varient selon les principales différences individuelles qui sont liées à des facteurs à des niveaux micro et macro qui peuvent être classifiées par des typologies) et la théorie des systèmes où la créativité résulte d'un système complexe d'interactions et de facteurs inter-reliés (2010, p. 27-28).

<u>4) Créativité et troubles neuro-développementaux</u>

a) Les relations entre « folie », neurotransmetteurs et créativité

Le psychiatre Erik Thys, qui a réalisé une thèse portant les relations entre créativité et maladies mentales indiquait en 2016 que ce

> « lien supposé est double (...). D'un côté, on attribue aux individus créatifs une vulnérabilité psychologique accrue. De l'autre, certains troubles psychiatriques sont associés à une créativité accrue.

> Démontrer noir sur blanc que ce lien existe n'est toutefois pas une mince affaire, la créativité étant - comme l'intelligence - un concept difficilement saisissable ou mesurable »[25].

C'est pourquoi en 2014, Shelley Carson en appelait à créer une neuroscience de la créativité et de la psychopathologie (Carson, 2014b). D'autres chercheurs travaillent dans ce même sens et indiquent qu'il serait nécessaire de mettre en place des méthodes et paradigmes particuliers, distinguer les différents domaines de la créativité et que tout cela pourrait permettre d'

> « identifier certains des processus cognitifs et neuronaux complexes impliqués à la fois dans la créativité et la psychopathologie, et aurait le potentiel de dresser un tableau plus concis de certains mécanismes se chevauchant entre les deux constructions, plutôt que de lier la créativité en général à la "folie" » (Fink et al., 2014).

D'autant plus qu'aujourd'hui, les études et données sur la cognition créative et la psychopathologie s'accumulent année après année au niveau des variations génétiques associées à la créativité (Greenwood, 2017) et que « les preuves accumulées suggèrent un lien étroit entre le développement de la créativité et un certain nombre de maladies cérébrales » (Khalil et al., 2019), même si des pans entiers restent à étudier en profondeur comme par exemple la créativité dans le champ de la neuroesthétique ou de la neuromusicologie (où le langage oral est absent ou présent à la

---

[25] *Le Vif. (2016). Créativité et folie, les deux faces d'une même médaille.* *https://www.levif.be/actualite/sante/creativite-et-folie-les-deux-faces-d-une-meme-medaille/article-normal-522139.html?cookie_check=1609093208*

marge) car on apprend aujourd'hui que la « formation musicale à long terme est associée à des changements robustes dans les réseaux cérébraux à grande échelle » (Leipold et al., 2021).

Bradley Folley, Mikisha Doop et Sohee Park du département de psychologie de l'Université de Nashville indiquaient en 2003 que les résultats d'études menées avant cette époque suggéraient « que les facteurs génétiques et biochimiques associés aux psychoses peuvent également fournir une propension accrue à penser de façon créative » (2003, p. 467). Selon leur théorie qui propose « des liens probables entre l'attention, la pensée divergente et l'activation cérébrale », cela pourrait être en relation avec le système noradrénergique. D'autres chercheurs et hypothèses suivent la piste des dysfonctionnements des neurotransmetteurs à l'instar de Nina Volf, Alexander Kulikov, Cyril Bortsov, Nina Popova (Volf et al., 2009) qui ont montré des résultats significatifs dans les liens entre un polymorphisme du gène du transporteur de la sérotonine et les réalisations créatives verbales et figuratives (2009, p. 154). D'autres chercheurs proposent que cette relation entre psychopathologie et créativité pourrait se trouver dans une asymétrie cérébrale, comme c'est le cas dans l'autisme, le TDAH et la dyslexie (Smalley et al, 2004). En effet, Susan Smalley, Sandra Loo, May Yang et Rita Cantor soulignent que l'asymétrie cérébral étant associée à « certains aspects de la créativité », certains gènes à risque présents chez les individus avec psychopathologie « peuvent également être des gènes stimulateurs de la créativité » (Smalley et al, 2004, p. 79). Hagop Akiskal et Kareen Akiskal s'interrogent dans le cadre de la biologie évolutive, de la nature humaine et sur la normalité (Akiskal &

Akiskal, 2007, p. 1). En partant des travaux d'Aristote, ils proposent l'idée selon laquelle les maladies affectives (troubles de l'humeur et états psychotiques) « existent parce qu'elles servent de réservoir génétique aux tempéraments adaptatifs et aux gènes du génie » (2007, p. 1). Ainsi, selon eux, « le trouble affectif peut donc être considéré comme le prix d'une grandeur exceptionnelle. Ainsi, les individus créatifs et éminents, de par leur caractère exceptionnel, occupent un terrain quelque peu instable entre tempérament et maladie affective » (2007, p. 1). Cette vision de biologie évolutive rejoint les résultats de recherche de Szabolcs Kéri (2009) qui pensent que si les polymorphismes génétiques liés aux troubles mentaux sévères sont conservés dans le patrimoine génétique d'une population cela serait parce que « ces variations génétiques peuvent avoir un impact positif sur les fonctions psychologiques » (2009, p. 1070). Après avoir analysé des personnes « particulièrement créatives » ou qui avaient « obtenu des résultats scientifiques ou artistiques significatifs dans leur vie », il a découvert qu'un polymorphisme du gène NRG1 est associé à la créativité chez ces personnes. Il souligne que ce même polymorphisme est habituellement associé « au risque de psychose et à une activation préfrontale altérée » (2009, p. 1070). C'est pourquoi certains chercheurs tentent de « recadrer les débats sur l'association entre créativité et maladie mentale » (Glazer, 2009, p. 755). Ainsi, elle propose trois modèles de créativité pour mieux comprendre la construction de la créativité. Le premier, est que la capacité créatrice d'un individu « est intrinsèquement liée aux traits psychopathologiques prédisposants » (2009, p. 757) et que le type de créativité dépendrait du type de pathologie. Le second modèle proposé est un spectre avec un axe présentant les différents niveaux de créativité (de la créativité quotidienne à la créativité éminente) et un second axe présentant les domaines de créativité partant de la créativité artistique jusqu'à la créativité scientifique. Ainsi, dans ce modèle « les traits de personnalité d'un individu, les tendances psychopathologiques sous-jacentes, les facteurs environnementaux et le contexte culturel interagissent de façon non linéaire pour déterminer la position des individus le long des axes » (2009, p. 759). Le dernier modèle propose que la créativité soit une construction unique « avec un seul processus cognitif sous-jacent à la racine de chaque travail créatif » (2009, p. 761). Des études plus récentes vont dans le sens des recherches de Szabolcs Kéri. Robert Power et son équipe ont testé les scores de risque polygénique pour la schizophrénie et le trouble bipolaire sur un échantillon de 86 292 individus d'Islande (Power et al., 2015, p. 1). Ils ont trouvé des scores plus élevés chez les individus appartenant « à une société artistique ou à une profession créative » (2015, p. 1). Cela indique pour eux que « la créativité et la psychose partagent des racines génétiques » (2015, p. 1). L'équipe de chercheurs suédois composés d'Örjan de Manzano, Simon Cervenka, Anke Karabanov, Lars Farde et Fredrik Ullén ont réalisé une étude mettant en relief et lien les densités des récepteurs thalamiques de la dopamine D2 et la créativité psychométrique chez les individus en bonne santé (Karabanov et al., 2010). Ils ont conclu que « le système récepteur D2, et en particulier la fonction thalamique, est important pour la performance créative et peut être un lien crucial entre la créativité et la psychopathologie » et qu'en combinaison « avec les fonctions cognitives des réseaux corticaux d'ordre supérieur, cela pourrait constituer une base pour les processus génératifs et sélectifs qui sous-tendent la créativité de la vie réelle » (2010, p. 1). Cela signifie concrètement que plus l'expression des récepteurs de la dopamine D2 est basse dans la région étudiée située dans le thalamus qui est donc plus mince, plus la pensée divergente est élevée. Ce qui est une des caractéristiques cérébrales retrouvées habituellement chez les personnes schizophrènes. Ces modèles de modifications des neurotransmetteurs et de biologie évolutive pourraient se retrouver dans ce que certains chercheurs appellent la « pulsion créative ». Alice Flaherty du département de neurologie d'Harvard propose un « modèle anatomique à trois facteurs de génération d'idées humaines et de motivation créative, en se concentrant sur les interactions entre les lobes temporaux, les lobes frontaux et le système limbique » (2005, p. 147) à partir d'études d'imagerie par résonance magnétique, d'autres sur les médicaments, et d'autres sur les lésions cérébrales. Ainsi des modifications dans le lobe temporal (réduction ou élargissement) peuvent déclencher ou inhiber la pulsion créatrice (2005, p. 3) et des altérations dans le système dopaminergique sont associés à la pensée créatrice (2005, p. 4). Ainsi, il existe des effets des neurotransmetteurs sur les facteurs motivationnels et notamment la dopamine, la sérotonine, la norépinephrine et les endorphines (Flaherty, 2018, p. 25) et l'objectif pour le cerveau pourrait être de trouver le point homéostatique, c'est-à-dire le niveau d'équilibre entre une motivation trop basse et une motivation trop haute (2018, p. 41). Chez certaines personnes, cet équilibre des neurotransmetteurs pourrait être trouvé via la prise de médicaments, le sommeil et l'exercice, les psychothérapies, les techniques de stimulation électrique du cerveau ou encore les entraînements cognitifs et l'éducation.

Dans tous les cas, même si les études montrent des associations entre créativités et psychopathologies, il convient toujours d'être prudent sur l'interprétation de l'ensemble des recherches menées et rapportées car des problèmes méthodologiques - qui peuvent être liés à des évolutions de la science liées aux méthodes utilisées ou aux définitions des concepts - existent (Thys et al., 2014).

b) Le modèle de vulnérabilité partagée selon Carson (2011-2019)

Ainsi, de nombreux articles et livres traitant spécifiquement de la question des génies, des maladies mentales et de la créativité ont été écrits ces dernières décennies (Eysenck, 1995 ; J. C. Kaufman, 2014 ; Simonton, 2009 ; Terman, 1925). Force est aussi de constater que le nombre de chapitres dans les livres plus généraux et les articles est aussi très grand. En effet, dès les années 50 des recherches psychométriques sur des schizophrènes ont été réalisées (Hebeisen, 1960). Puis en 2001, Shelley Carson soutenait sa thèse à l'Université d'Harvard sur les caractéristiques cognitives et la vulnérabilité à la psychose chez les individus créatifs (Carson, 2001) et après plusieurs articles dont une recherche de 2003 qui met en lumière des corrélations entre une diminution de l'inhibition latente et les individus faisant preuve de grande créativité (Carson et al., 2003), Shelley Carson publie sa théorie du modèle de vulnérabilité partagée en 2011. Selon elle, (2011, p. 144), les liens qu'il existe entre la psychopathologie et les individus très créatifs sont liés à des facteurs génétiques en lien avec le fonctionnement de la dopamine (un neurotransmetteur qui joue notamment un rôle dans les attitudes de recherche de plaisir et de curiosité) et la sérotonine (un neurotransmetteur qui joue un rôle dans l'inhibition, la régulation de l'humeur, l'agressivité et qui régule les effets de la dopamine) dans « le cerveau préfrontal et sous-cortical » qui peuvent « prédisposer certaines personnes à éprouver des états mentaux altérés qui donnent accès à - et de l'intérêt pour - le matériel associatif généralement filtré hors de la conscience pendant les états de veille normaux ».

Ainsi, les facteurs partagés de vulnérabilité peuvent se manifester, selon la chercheuse, comme une sévère psychopathologie ou une capacité créative, en fonction de la présence d'autres facteurs protégeant qui agissent pour protéger la personne des lourdes conséquences de désordres mentaux. Ainsi, elle propose un modèle

> « dans lequel les facteurs communs à la créativité et à la psychopathologie agissent pour augmenter l'accès et l'attention portée au matériel traité en-dessous du niveau de conscience, alors que les facteurs cognitifs protecteurs permettent la surveillance et le contrôle exécutif de cet accès amélioré. Les facteurs d'édition préventive permettent ainsi aux personnes créatives et productives d'exercer un contrôle métacognitif sur les pensées bizarres ou inhabituelles, ce qui permet à la personne de tirer parti de ces pensées sans être submergée par elles » (2011, p. 147).

Les trois facteurs de vulnérabilité partagés sont l'inhibition latente réduite qu'elle définit comme « la capacité de filtrer des stimuli de conscience conscients auparavant sans importance » associée à la préférence pour la nouveauté pour traiter ces nouveaux stimuli et une hyperconnectivité neuronale se traduisant par « davantage de synchronisation alpha, à la fois à l'intérieur et à travers les hémisphères » (2011, p. 147).

Les trois facteurs protégeant sont un haut QI, une mémoire de travail améliorée qui peut aussi permettre de « traiter des stimuli supplémentaires résultant d'états de conscience altérés » et la flexibilité cognitive (« la capacité de changer d'état d'attention en désengageant l'attention d'un stimulus ou d'un concept et de le réengager sur d'autres stimuli par le biais d'un contrôle mental conscient ») qui permet la mise en perspective des informations mais aussi de pouvoir « entrer dans des états de conscience altérés et d'en sortir et d'interpréter sainement des expériences anormales (2011, p. 148).

Les trois facteurs de risques sont un faible quotient intellectuel, des déficits dans la mémoire de travail et une persévération (répétition de gestes, mots ou comportements sans aucun contrôle).

Lors de son travail initial de recherche, Shelley H. Carson (2011, p. 145) a trouvé qu'il existait trois types de troubles plus fréquents chez les personnes créatives : le spectre bipolaire, le spectre de la schizophrénie, et les troubles d'abus de substance. Les facteurs partagés précédemment énumérés sont aussi plus fréquemment retrouvés chez les individus ayant de ces troubles.

Elle explique que les recherches mettent en lumière que la

part de personnes schizophrènes, bipolaires et alcooliques est plus élevée chez les personnes créatives et les penseurs divergents que dans le grand public en général. Par ailleurs, elle remarque que lorsque les symptômes schizophréniques et bipolaires sont moins graves, ils sont davantage bénéfiques pour la créativité. Elle note aussi que l'alcoolisme est aussi plus élevé chez les personnes ayant ces deux premiers troubles car « l'ingestion d'alcool peut induire un état altéré de conscience qui permet à des idées inhabituelles d'entrer dans la conscience en conséquence du relâchement des mécanismes inhibiteurs normaux » (2011, p. 146).

Les recherches génétiques ont mis en évidence des gènes qui sont reliés aux neurotransmetteurs que sont la dopamine et la sérotonine. La chercheuse souligne, dans sa posture scientifique et par honnêteté intellectuelle, que « dans de nombreux cas, des résultats contradictoires ont été obtenus et, dans d'autres cas, les études initiales n'ont pas été répliquées » (2011, p. 149) et que, à la date à laquelle elle écrivait, en 2011, « ces exemples de variations génétiques et leurs rôles possibles dans l'idéation créative doivent être considérés comme spéculatifs à l'heure actuelle » (2011, p. 150).

Plusieurs modifications génétiques dans des gènes liées à la dopamine (DRD2, DRD4, SLC6A3, COMT) ont été identifiées chez les personnes schizophrènes, bipolaires, ayant une dépendance à l'alcool et celles recherchant la nouveauté et étant plus créatives (2011, p. 149).

Plusieurs modifications génétiques dans des gènes liés à la sérotonine (HTR2A, SLC6A4, TPH1) ont été identifiées chez les personnes schizophrènes, avec un trouble schizotypique, et une dépendance au tabac et celles présentant des synesthésies, une meilleure créativité, une plus grande ouverture aux expériences mais aussi une propension plus élevée à subir des états altérés de conscience (2011, p. 150).

Enfin, elle indique que les mutations du gène NRG1 se retrouveraient plus souvent chez les personnes très créatives et chez celles dont le risque de psychose est plus grand, mais qu'il n'est pas directement lié à la dopamine ni à la sérotonine.

Shelley H. Carson indique aussi que « la cognition créative peut partager des vulnérabilités biologiques communes avec des psychopathologies qui permettent d'accéder à des états de conscience altérés ». Ces états de conscience sont directement liés à la disponibilité en sérotonine pouvant provoquer des troubles de l'humeur ou des symptômes schizophréniques mais aussi à l'inhibition latente réduite.

En définitive, bien qu'il existe des paramètres génétiques dans les troubles associés à la créativité et dans la créativité, la chercheuse rappelle qu'il existe des facteurs polygéniques et qu'ils sont liés à de multiples facteurs. Elle souligne à ce propos que

> « un gène seul ne confère pas de créativité, de psychose ou de dépendance à une personne. Les interactions complexes de différents gènes, entre eux et avec l'environnement de la personne, sont importantes pour déterminer une tendance à la créativité ou à la psychopathologie » (2011, p. 150).

Elle finit son raisonnement par les implications pour le traitement de la psychopathologie. Elle propose des thérapies créatives « telles que l'art, l'écriture créative, le théâtre ou la musicothérapie » associées à un traitement médicamenteux qui neutraliserait les effets néfastes des troubles. Cependant, elle admet que certains utilisent ces états de conscience altérés dans leur travail et qu'ainsi « les personnes créatives peuvent préférer tolérer des niveaux plus élevés de symptomatologie en échange de doses plus faibles de produits pharmaceutiques destructeurs de créativité » (2011, p. 151) et qu'il peut être par ailleurs intéressant de travailler sur l'interprétation des symptômes plutôt que leur neutralisation complète ou partielle selon les cas.

Il est aussi intéressant de noter que lors de la nouvelle publication de son modèle trois ans plus tard (Carson, 2014) dans un livre généraliste sur la créativité mentale, elle l'a enrichi au niveau des références, a supprimé la partie sur les traitements médicamenteux et qu'elle a remplacé l'expression « *altered states of consciousness* » (états altérés de conscience) par « *disinhibited states of consciousness* » (états désinhibés de conscience), donc des états de conscience qui ne diminuent, ni ne freinent, ni n'empêchent l'apparition de certains phénomènes (2014, p. 272) telle que la profusion de pensées caractéristique de la diminution de l'inhibition latente par exemple. En définitive, elle semble être passée d'un discours médical pathologisant vers un discours plus social et d'acceptation.

Enfin, en 2019, une nouvelle version de son article est publiée (Carson, 2019). Elle ajoute un historique, une partie sur les relations entre créativité et TDAH et une autre plus axée sur les neurosciences. Elle modifie le terme « d'inhibition latente réduite » en « désinhibition cognitive » et « préférence pour la nouveauté » en « recherche de nouveauté » et ajoute les « déficits additionnels » (c'est-à-dire que les vulnérabilités s'ajoutent les unes aux autres et/ou que d'autres non répertoriées peuvent apparaître comme des troubles dans les fonctions exécutives par exemple) dans les facteurs à risque (2019, p. 308). Shelley H. Carson fait à ce stade plusieurs constats :

> « Les individus qui ont des facteurs de protection mais qui n'ont pas les facteurs de vulnérabilité communs représentent le grand groupe qui contribue aux formes quotidiennes de la créativité humaine. Cependant, ce petit groupe de créateurs avec des facteurs de vulnérabilité et des facteurs de protection partagés non seulement peut-être ; un plus grand risque pour la psychopathologie, mais peut également être en mesure d'apporter les contributions créatives les plus originales et les plus remarquables, en faisant passer la créativité du royaume de la magie quotidienne à celle du génie » (2019, p. 310)

mais qu'il n'y aurait pas de preuves formelles que la majorité des individus très créatifs présentent des psychopathologies, il s'agirait simplement d'un risque accru. C'est pourquoi elle indique à nouveau que malgré quelques

> « défauts méthodologiques, l'essentiel des preuves (…) suggère qu'aux niveaux les plus élevés de réalisation créative, il peut y avoir un risque accru de certains troubles, en particulier le trouble bipolaire, la prédisposition aux psychoses (schizotypie), la dépendance à l'alcool et le TDA/H » (2019, p. 310).

Enfin, il est important de souligner que bien qu'il existe un corpus de recherches assez conséquent sur le thème, les travaux concernant les liens entre la psychopathologie et la créativité ne font pas entièrement consensus chez tous les chercheurs et que des débats existent toujours. Il s'agit en effet de débats compliqués car ils renvoient à de nombreuses questions vives que certaines personnes ne veulent pas aborder telles que celles de l'éducabilité et du degré d'influence de la génétique sur les individus. Certains chercheurs vont même jusqu'à dire que « le consensus général est que le lien entre la créativité et la maladie mentale est au mieux faible » tout en citant Shelley H. Carson (Glăveanu & Kaufman, 2019, p. 17), ce qui est très étonnant quand on s'intéresse à la montagne de littérature sur le sujet, et leur objectivité peut a minima être questionnée car il y a assez de données pour se poser de nombreuses questions de manière plutôt légitime. Mais cela n'est finalement pas étonnant quand on constate que Vlad-Petre Glăveanu fait référence à la psychanalyse dans son travail (2010). D'autant plus que Robert Plomin, psychologue et généticien américain, rappelle que « la génétique représente 50% des différences psychologiques, non seulement pour la santé mentale et la réussite scolaire, mais pour tous les traits psychologiques, de la personnalité aux capacités mentales » (2018, p. viii) et Simon Kyaga, chercheur en médecine à l'Institut Karolinska de Stockholm, souligne que « les objections d'aujourd'hui à un lien entre la créativité et la psychopathologie ne reflètent pas avec précision le développement de la recherche dans ce domaine », que les définitions et champs de créativité et de troubles psychiques évoluent tellement rapidement, recouvrent des réalités très différentes et qu'il est nécessaire de repenser ces domaines et de réaliser des recherches adéquates (2018, p. 127-128).

c) Vers un modèle de vulnérabilité partagée enrichi ?

Comme l'indiquait Carson (2011, p. 149), « les études en

génétique moléculaire ont commencé à localiser un ensemble de gènes, dont beaucoup sont reliés à la transmission de dopamine et de sérotonine, qui apparaît être associé avec les maladies mentales liées à la créativité ». Ainsi, elle met en avant les recherches génétiques relatives à la dopamine (DRD2, DRD4, SLC6A3, COMT), celles liées à la sérotonine (HTR2A, SLC6A4, TPH1) qui sont associés à la recherche de la nouveauté et l'inhibition latente réduite (de Aguiar et al., 2013 ; Swerdlow et al., 2003) ou encore à la flexibilité cognitive et la mémoire de travail, et celles liées au gène NRG1.

En faisant des recherches plus approfondies afin de mieux comprendre et expliquer ce modèle, il semblerait qu'il soit d'une part possible d'associer un éventail de pathologies plus larges mais aussi d'autres gènes qui n'apparaissent ni dans l'article de 2011 ni dans les suivants de 2013, 2018 et 2019.

a) Au niveau des pathologies et des gènes en lien avec la dopamine et sérotonine

Par exemple, la variation génétique du gène DRD4 (DRD4 7R) est reliée à l'autisme (Grady et al., 2005 ; Kamal et al., 2017 ; Reiersen & Todorov, 2011) mais aussi à la longévité (Grady et al., 2013), à la résilience (Bakermans-Kranenburg et al., 2011) et à la flexibilité cognitive - négativement dans cette étude - (Mayseless et al., 2013). Aussi, des études ont montré l'implication du polymorphisme Val158met du gène COMT dans l'autisme (Gadow et al., 2009 ; Guo et al., 2013 ; Yoo et al., 2013), le TDAH (Mizuno et al., 2017 ; O'Donnell et al., 2017 ; Sun et al., 2014) la bipolarité (Hosang et al., 2017; Shifman et al., 2004) mais aussi dans les comportements altruistes (Reuter et al., 2011), la mémoire de travail (Costa et al., 2016 ; Dumas et al., 2018 ; Dumontheil et al., 2011 ; Goldberg et al., 2003 ; Heinzel et al., 2014 ; Kondo et al., 2015 ; Miskowiak et al., 2017 ; O'Donnell et al., 2017 ; Weiss et al., 2014) ou encore sur la prise de risque (Costa et al., 2016b).

Par ailleurs, il existe aussi des liens entre la dyslexie et les gènes DRD4 (Hsiung et al., 2004) et DRD2 (Chen et al., 2014), mais aussi entre le gène DRD4 et les préférences et comportements sexuels (Ben Zion et al., 2006). Enfin, des relations ont été établies entre le gène DRD3, la créativité et la maladie de Parkinson (Garcia-Ruiz, 2018) et le syndrome de Gilles de la Tourette (He et al., 2015 ; Zanaboni Dina et al., 2017). Le gène SLC6A3 est aussi associé au syndrome de Gilles de la Tourette (Gelernter et al., 1995 ; Yoon et al., 2007), à l'autisme (Azzam et al., 2018 ; Bowton et al., 2014), la maladie de Parkinson (Robertson et al., 2018 ; Zhai et al., 2014) ou encore la mémoire de travail (Brehmer et al., 2009).

En ce qui concerne les gènes impliqués dans la sérotonine, des liens ont aussi été établis avec ces pathologies. Des variations des récepteurs 5-HTR2A (codé par le gène HTR2A) ont été relevées chez les autistes (Cieslinska et al., 2019 ; Gong et al., 2015 ; Hranilovic et al., 2016) et les personnes ayant la maladie de Parkinson (Kraemmer et al., 2016 ; Lee et al., 2012). Des variations du gène SLC6A4 sont présentes chez les personnes présentant un syndrome de Gilles de la Tourette (Alexander et al., 2016 ; Moya et al., 2013) et celles ayant un TDAH (Durán-González et al., 2018 ; S.

Park et al., 2015 ; Sonuga-Barke et al., 2011) et cela influence aussi la mémoire de travail et la flexibilité cognitive (Weiss et al., 2014). Enfin, le gène TPH2 est lié au TDAH (Baehne et al., 2009 ; Park et al., 2013 ; Sheehan et al., 2005), à la bipolarité (Gao et al., 2016 ; Van Den Bogaert et al., 2006), au syndrome de Gilles de la Tourette (Mössner et al., 2007 ; Zheng et al., 2013), à l'autisme (Coon et al., 2005 ; Singh et al., 2013) ainsi qu'à la maladie de Parkinson et aux addictions (Kuhn et al., 2011). Enfin, les gènes TPH1 et TPH2 sont liés à la créativité (J. Zhang & Zhang, 2018 ; S. Zhang & Zhang, 2016).

En définitive, il apparaît que des variations génétiques liées à la dopamine et à la sérotonine apparaissent aussi chez les personnes présentant les caractéristiques de l'autisme, de la maladie de Parkinson, du syndrome de Gilles de la Tourette, du TDAH et de la dyslexie.

β) Au niveau de l'identification des neurotransmetteurs et des mutations génétiques

En plus de la dopamine et de la sérotonine, d'autres neurotransmetteurs pourraient être impliqués dans la créativité et les troubles neuro-développementaux. Cela concerne notamment l'acide γ-aminobutyrique (GABA) et l'acetylcholine (ACh) et les gènes associés, notamment CHRNA2, CHRNA7, GAD1, SLC6A1 et ALDH5A1 (Erlander et al., 1991 ; Wang et al., 2018) ou encore CHRM2 associé à la flexibilité cognitive et l'intelligence (Gosso et al., 2007 ; Zink et al., 2019) et leurs différentes variations. L'ACh joue un rôle dans l'inhibition neuronale, l'attention et la mémoire chez l'adulte (Collins, 2010 ; Dehaene, 2014) et la GABA joue un premier rôle neurotrophique, et un second « dans le contrôle de l'hyperactivité neuronale associée à l'anxiété »[26] et il sert enfin d'inhibiteur en association avec le glutamate (et les gènes associés comme GAD2 et GRM7) qui est un neurotransmetteur excitateur qui fonctionne en symbiose avec la GABA pour maintenir un équilibre[27]. Ces neurotransmetteurs sont liés indirectement à la créativité car ils ont un lien avec la mémoire de travail, l'apprentissage, l'inhibition latente et l'hyperconnectivité des neurones qui sont des facteurs présents dans le modèle de Carson.

Dans un premier temps, des altérations des niveaux de concentration (trop haut ou trop bas) et/ou des récepteurs de la GABA ont été identifiés chez des personnes TDAH (Edden et al., 2012 ; Nagamitsu et al., 2015), autistes (Blatt & Fatemi, 2011 ; Edden et al., 2012 ; Guptill et al., 2007 ; Mendez et al., 2013 ; Möhler & Rudolph, 2017 ; Mori et al., 2012 ; Oblak et al., 2010, 2011 ; Pizzarelli & Cherubini, 2011 ; Sapey-Triomphe et al., 2019 ; Yip et al., 2007), bipolaires (Brady et al., 2013 ; Kaufman et al., 2009 ; Petty et al., 1993 ; Prisciandaro et al., 2017), schizophrènes (de Jonge et al., 2017 ; Egerton et al., 2017), ou avec le syndrome de Gilles de la Tourette (Draper et al., 2014), de la dyslexie (Currier et al., 2011) et la maladie

---

[26] *Le cerveau à tous les niveaux. (2009). Les neurotransmetteurs de l'anxiété. https://lecerveau.mcgill.ca/flash/a/a_04/a_04_m/a_04_m_peu/a_04_m_peu.html*

[27] *Société chimique de France. (2016). GABA, la molécule à bien faire. http://www.societechimiquedefrance.fr/GABA-la-molecule-a-bien-faire.html*

de Parkinson (Błaszczyk, 2016 ; Lozovaya et al., 2018). Par ailleurs, plusieurs allèles en lien avec la GABA ont été identifiés dans le chromosome 15q11-13 dans l'autisme et le TDAH (Polan et al., 2014; Robertson et al., 2016) dans les gènes GABRA4 et GABRB1 (Collins et al., 2006) mais aussi dans les gènes GABRQ, GABRA3 et GABRB3 (Robertson et al., 2016) ou encore le gène GABRG1 du chromosome 4p13 dupliqué dans le 4p12 (Polan et al., 2014). Certaines de ces variations génétiques ont été aussi identifiées dans les spectres bipolaire et schizophrène (Ament et al., 2015 ; Craddock et al., 2010 ; Green et al., 2010a ; Yeung et al., 2018), le syndrome de Tourette (Paschou et al., 2013 ; Tian et al., 2011), mais aussi la consommation d'alcool (Anstee et al., 2013).

En parallèle, des altérations des niveaux de concentration (trop haut ou trop bas) et/ou des récepteurs de l'ACh ont été identifiés chez des personnes autistes (Karvat & Kimchi, 2014), TDAH (Colla et al., 2008 ; Jin et al., 2001), bipolaires (Cao et al., 2017), schizophrènes (Higley & Picciotto, 2014 ; Ochoa & Lasalde-Dominicci, 2007), avec une dyslexie (Kossowski et al., 2019; Pugh et al., 2014) et le syndrome de Tourette (Yang et al., 2018). Par ailleurs, des variations génétiques des gènes liés à l'ACh ont été identifiées chez les personnes TDAH dans le gène SLC5A7 (English et al., 2009) et le gène CHRNA7 (Mick & Faraone, 2008). Ce dernier gène est aussi impliqué dans l'autisme et le spectre bipolaire (Bacchelli et al., 2015 ; Gillentine & Schaaf, 2015), le spectre de la schizophrénie (Gass et al., 2016) et le syndrome de Tourette (Bertelsen et al., 2014). Cette modification génétique se retrouve sur le chromosome 15q13.3.

Enfin, des altérations des niveaux de concentration (trop haut ou trop bas) et/ou des récepteurs du glutamate ont été identifiés chez des personnes autistes (Tzang et al., 2019), dyslexiques (Pugh et al., 2014), bipolaires (Prisciandaro et al., 2017), TDAH (Huang et al., 2019 ; Maltezos et al., 2014), avec le syndrome de Tourette (Kanaan et al., 2017) et une schizophrénie (Howes et al., 2015). Aussi, des variations génétiques du gène GRM7 ont été constatées chez les TDAH (Fisher et al., 2018 ; Subin Park et al., 2013), autistes (Liu et al., 2015 ; Noroozi et al., 2016), schizophrènes (Li et al., 2016 ; Nho et al., 2015 ; Niu et al., 2015 ; Noroozi et al., 2016), et bipolaires (Kandaswamy et al., 2014 ; Nho et al., 2015).

Ainsi, ces variations génétiques et différences cérébrales peut provoquer d'une part une hyperconnectivité neuronale chez les personnes ayant ces troubles neuro-développementaux et cela les prédispose à expérimenter des états déshinibés de conscience et une inhibition latente réduite dont Carson fait état dans son modèle (Carson, 2014).

L'hyperconnnectivité neuronale :

Une hyperconnectivité neuronale a été identifiée chez certaines personnes schizophrènes (Cao et al., 2018, 2019 ; Whitfield-Gabrieli et al., 2009), bipolaires (Alamian et al., 2017 ; Brady et al., 2017 ; Dima et al., 2016), autistes (Iidaka et al., 2019 ; Supekar et al., 2013 ; Testa-Silva et al., 2012 ; Uddin et al., 2013), TDAH (Barber et al., 2015 ; Ma et al., 2016) ou encore dyscalculiques (Michels et al., 2018). L'un des gènes directement en lien avec cette hyperconnectivité pourrait être la mutation SHANK2 (Zaslavsky et al., 2019) qui se retrouve dans l'autisme et le TDAH (Chen L. H. et al., 2019).

Comme l'indique Carson (2011, p. 147), cette hyperconnectivité a été aussi relevée dans le cas de synesthésie (Terhune et al., 2011) qui est une « condition dans laquelle la stimulation d'une modalité sensorielle provoque des expériences inhabituelles dans une seconde modalité non stimulée » (Hubbard & Ramachandran, 2005, p. 509) et qui pourrait compenser des déficits de mémoire de travail chez certains individus, comme les autistes chez qui la synesthésie est davantage présente qu'en population générale par exemple et il pourrait y avoir un chevauchement phénotypiques entre les deux (Baron-Cohen et al., 2013 ; Bouver et al., 2019 ; Riedel et al., 2020 ; van Leeuwen et al., 2020 ; Ward et al., 2017), dans certains domaines et dans certaines situations.

<u>L'inhibition latente réduite et les états modifiés de conscience :</u>

Une modification dans le fonctionnement des neurotransmetteurs comme l'ACh peut provoquer des altérations de l'inhibition latente (Barak & Weiner, 2007 ; Caldarone et al., 2000) et le déséquilibre de la GABA peut provoquer des pensées intrusives. Des chercheurs ont mis en lumière le fait que

> « Bien que souvent attribuée à un contrôle inhibiteur déficient par le cortex préfrontal, la difficulté à contrôler les pensées intrusives est également associée à l'hyperactivité hippocampique, due à des interneurones GABAergiques dysfonctionnels » (Schmitz et al., 2017).

D'autres chercheurs soulignent que « les systèmes

cholinergiques et monoaminergiques contrôlent le niveau de conscience » (Woolf, 2006, p. 220) et que les modifications des systèmes liés à la choline et à la monoamine peuvent réduire le niveau de conscience, provoquer des hallucinations (Perry et al., 1999) et des difficultés de mémoire et de flexibilité cognitive (Vakalopoulos, 2013) dans les maladies dégénératives comme la maladie de Parkinson ou d'Alzheimer. Les modifications génétiques liées au système cholinergique peuvent provoquer la divagation de l'esprit (Killeen, 2013) et prédisposer certaines personnes à la distractibilité sans pour autant que cela ait un impact sur l'efficacité dans la tâche (Berry et al., 2014). Certaines recherches mettent aussi en avant que les systèmes liés à la GABA et au glutamate peuvent influencer la perception du temps (Northoff, 2014 ; Terhune et al., 2014).

En définitive tous ces éléments semblent indiquer qu'il existerait donc des liens solides entre les hauts niveaux de créativité qui peuvent être observés ou mesurés chez les personnes qui auraient certaines psychopathologies. Cela va dans le sens de ce qu'affirme Carson quand elle écrit que

> « Les études d'imagerie cérébrale de la créativité et de la psychopathologie semblent donc converger vers des preuves qu'une propension à des niveaux élevés de créativité peut partager les caractéristiques du cerveau avec des troubles mentaux qui incluent un échec à supprimer de manière appropriée le contenu de la conscience » (2019, p. 304-305).

L'ensemble des variations génétiques qui se retrouvent dans de nombreux troubles neuro-développementaux tels que l'autisme, le TDAH, les spectres de la schizophrénie et de la bipolarité, les dys, mais aussi le syndrome de Gilles de la Tourette ou encore la maladie de Parkinson provoque une modification des systèmes cérébraux de neurotransmission, crée des différences dans les fonctionnements neuronaux, et a pour conséquence la mise en place d'une cognition différente provoquant un rapport au monde différent, une conscience différente et in fine une perception différente du monde et des autres.

C'est en ce sens qu'il convient donc d'analyser maintenant la thématique des états de conscience modifiés, de l'attention et de la créativité.

C) Attention, conscience et créativité

Dieter Vaitl et son équipe ont publié une revue de littérature sur la psychobiologie des états altérés de conscience (Vaitl, et al. 2005). Ils notent que les états altérés de conscience « sont évidemment liés aux altérations des systèmes cérébraux responsables de la régulation de la conscience, de l'excitation et de l'attention sélective » (2005, p. 155) et plus précisément dans les cortex préfrontal, orbitofrontal, cingulaire antérieur, pariétal, le cervelet, le striatum et le thalamus et qu'« une connaissance croissante des corrélats neuronaux de la conscience, les phénomènes autrefois étranges et difficiles à expliquer des états altérés de conscience deviennent de plus en plus compréhensibles en tant que conséquence naturelle du fonctionnement du cerveau » (2005, p. 119).

D'ordinaire les états de conscience sont qualifiés de

modifiés (EMC) dans le langage français et font souvent références à une perte de « la notion de soi, de l'espace et du temps » associés à des chocs émotionnels ou à la prise de drogues[28]. Ces états modifiés de conscience ont notamment une influence sur l'apparition ou disparition des ondes cérébrales bêta, thêta et delta et sont parfois utilisés à des fins thérapeutiques (Mishara & Schwartz, 2011; Srinivasan, 2015) ou éducatives, et ont des liens concrets avec le processus créatif.

Stanislas Dehaene, membre de l'Académie des sciences et professeur au collège de France définit l'attention comme « l'ensemble des mécanismes qui nous permettent de sélectionner une information et ses étapes de traitement »[29].

Il existe plusieurs types d'attention tels que l'attention focalisée – qui peut se définir par la capacité « de se concentrer activement sur une chose sans être distrait par d'autres stimuli » (Tremolada et al., 2019, p. 3) – l'attention soutenue – qui peut se définir par la capacité à « maintenir une attention concentrée sur des périodes prolongées » (2019, p. 3) – l'attention divisée ou partagée – qui peut se définir comme le fait de « prêter attention à un certain nombre de choses ou d'événements à la fois » (2019, p. 8) –

---

[28] *Sciences et Avenir. (2018). La conscience dans tous ses états. Repéré à https://www.sciencesetavenir.fr/sante/cerveau-et-psy/la-conscience-dans-tous-ses-etats_130247*
[29] *Collège de France. (2014). Stanislas Dehaene – Fondements cognitifs des apprentissages scolaires. https://www.college-de-france.fr/media/stanislas-dehaene/UPL2812985053430393578_Cours_2_Fondements_cognitifs_des_appre ntissages_scolaires_v6.pdf*

l'attention sélective – qui peut se définir « non seulement par la capacité à diriger l'attention vers des événements uniques et des stimuli, mais aussi de réorienter la concentration attentionnelle en fonction des exigences actuelles d'une situation » (2019, p. 9) – et enfin l'attention alternée – qui se définit par la capacité à « basculer entre plusieurs tâches, opérations ou programmes mentaux » (Miyake et al., 2000, p. 55).

Bien que certains chercheurs aient mis en avant le fait que les notions d'attention et de conscience soient dissociées après avoir constaté « qu'il existe des preuves considérables d'un déploiement attentionnel sans conscience » et « de la conscience sans attention » (Van Boxtel et al., 2010, p. 10), d'autres chercheurs ont essayé d'établir la relation exacte entre l'attention et la conscience dans le but de fournir une théorie globale en proposant « une perspective nouvelle et nuancée aux débats théoriques actuels, une taxonomie mise à jour des états conscients et non conscients » (Pitts et al., 2018, p. 1). Mais de futurs travaux complémentaires devront être réalisés avant de pouvoir établir une éventuelle théorie unifiée.

Par ailleurs, Oshin Vartanian, chercheur en neurosciences cognitives à l'Université de Toronto, écrit que des recherches ont mis en lumière des relations entre la créativité, l'attention défocalisée, un contrôle cognitif flexible et une variation flexible du centre d'attention par rapport aux exigences de la tâche (Vartanian, 2019, p. 160). Il souligne aussi qu'une attention fuyante qui « permet à des informations non pertinentes d'entrer dans la conscience » est associée à de meilleurs scores dans des tests de « real-world creativity » (créativité du monde réel) (2019, p. 161) et que l'attention flexible est associée à de meilleurs scores de pensée divergente. Ainsi, il conclue en écrivant que « différents types de créativité peuvent être associés à différents types d'attention » (2019, p. 161). Wei-Lun Lin et son équipe ont conclu leur recherche sur la même conclusion, les deux formes de créativité que sont la pensée divergente et la résolution perspicace de problèmes se « rapportent différemment à deux modes d'attention » (Lin et al., 2013, p. 96). C'est ce qui pourrait expliquer pourquoi des états de conscience qui semblent en opposition – tels que la pleine conscience, le flow et la divagation de l'esprit – ont des liens avec la créativité, car ils font référence à des niveaux de conscience et types d'attention différents liés à des situations et contextes différents. Ainsi, nous pourrions expliquer que la pleine conscience se base principalement sur l'attention focalisée, le flow sur l'attention soutenue, et le vagabondage de l'esprit sur une absence d'attention à l'environnement, une incapacité à maintenir son attention sur l'activité en cours ou encore plus simplement une inattention, voire un mode d'attention défocalisée « permettant aux informations non pertinentes d'être remarquées et traitées » (von Hecker & Meiser, 2005, p. 456) et « dans lequel les ressources attentionnelles pendant l'encodage sont réparties plus uniformément sur tous les aspects d'un stimulus » (2005, p. 457).

La revue de littérature réalisée par Lindsey Carruthers pendant de sa thèse sur la créativité et l'attention soulignent l'ensemble des recherches reliant ces deux notions, et notamment que les individus créatifs ont « une attention large et défocalisée qui leur permet de produire des réponses originales » (Carruthers, 2016, p. 74) mais qu'ils utilisent aussi l'attention diffuse pour la

« production réussie d'idées et de solutions créatives » (2016, p. 79). Cela peut aussi se confirmer durant le processus créatif quand lors « de la phase générative de résolution de problèmes, l'individu créatif utilise une attention large et défocalisée pour rechercher des indices, mais lorsque la solution commence à devenir claire, une attention étroite est utilisée pour définir et organiser l'idée » (2016, p. 79). Cette idée est aussi reprise par Holly White et son équipe qui expliquent que la production créative est à la fois en lien avec « la capacité à diffuser l'attention et le fait de générer des idées, et la capacité à focaliser son attention » (White & Shah, 2006, p. 1128). Darya Zabelina argue dans le même sens, selon elle « une attention qui fuit peut aider les individus à prendre en considération les informations nominalement non pertinentes et à les intégrer aux informations pertinentes pour créer de nouvelles idées » (Zabelina, 2018, p. 174). Elle indique aussi que « la pensée divergente est liée à une attention flexible, motivée par la capacité de se concentrer, d'inhiber et de changer d'attention, tandis que la réussite créative est liée à une attention qui fuit » et que « la créativité telle que mesurée en examinant les réalisations créatives des gens dans le monde réel, d'autre part, semble être liée à une attention qui fuit » (Zabelina, 2018, p. 174).

Cela pourrait expliquer pourquoi les personnes TDAH obtiennent de meilleurs scores dans les tests de pensées divergente et ceux de la vie quotidienne (Carruthers, 2016, p. 80-81 ; White & Shah, 2006, p. 1128). Le TDAH est notamment « associé avec un modèle de divagation de l'esprit » au niveau cognitif (Carson, 2019, p. 304). Ainsi, « le traitement défocalisé des informations non liées aux tâches pendant les tâches créatives peut activer des associations inhabituelles, résultant en des combinaisons originales d'informations » (Boot et al., 2017). C'est pourquoi certains chercheurs parlent d'un « avantage créatif » chez les personnes TDAH (Beaven, 2012, p. 3).

En outre, il est aussi important de noter que Lindsey Carruthers, Alexandra Willis et Rory McLean ont réalisé une étude sur cent adultes dans laquelle ils ont trouvé qu'il « n'y a pas de relation concordante entre la créativité et l'attention » en dehors de celle entre concentration auto-rapportée et pensée divergente (Carruthers et al., 2018, p. 370). Cette notion de concentration associée à la créativité peut expliquer les résultats obtenus dans les tests de créativité sur les autistes. Ces derniers peuvent notamment atteindre l'état de flow régulièrement dans la poursuite de leurs intérêts spécifiques (Milton, 2017). Cela pourrait s'expliquer par « une attention extrêmement étroite » (Lyons & Fitzgeral, 2013, p. 773) mais aussi la « diminution de la conscience de soi » associé « à un dysfonctionnement de l'hémisphère droit » qui « pourrait être avantageuse dans le développement de talents spéciaux » (Lyons & Fitzgeral, 2013, p. 777) mais aussi dans le développement de la pensée divergente (Best et al., 2015 ; Takeuchi et al., 2014) en raison de leur capacité potentielle d'hypersystémisation (Baron-Cohen, 2002) et de ce que le monde de la psychiatrie appelle des « intérêts restreints » (American Psychiatric Association, 2015). Cet état de flow pourrait aussi être l'EMC vécu par les bipolaires lors de phases maniaques. Aussi, selon Allan Snyder, il pourrait être possible que les autistes

« savants ont un accès privilégié à des informations de niveau inférieur et moins traitées, avant qu'elles ne soient regroupées dans des concepts holistiques et des étiquettes significatives. En raison d'un échec de l'inhibition descendante, ils peuvent puiser dans des informations qui existent dans tous nos cerveaux, mais qui sont normalement au-delà de la conscience consciente » (2009, p. 1399).

Par ailleurs, alors que le flow est caractérisé par une attention exogène portée involontairement et automatiquement sur une tâche extérieure et ne peut donc pas se travailler par des techniques mais seulement s'atteindre en fonction des conditions extérieures, la pleine conscience est liée à une attention endogène, c'est-à-dire que la personne dirige elle-même « son attention vers un endroit ou une information... en fonction de sa motivation et du contenu de sa mémoire de travail »[30], et peut se travailler à l'aide de techniques. Cet état de conscience, ayant des relations avec la créativité (Lebuda et al., 2016) cet état de pleine conscience pourrait être l'un des états par défaut de certaines personnes dys (sauf dans le cas d'une cooccurrence avec un TDAH) qui ont des difficultés d'automatisation. Des études sont nécessaires pour étayer cette hypothèse, mais comme le note Olga Mecking, une auteure, journaliste et traductrice hollandaise « la pleine conscience est un choix pour certains, mais pas pour vous »[31] ayant un dys. Il serait aussi intéressant d'approfondir la question de la métacognition dans

---

[30] *Joly-Pottuz, B. (2010). Neuropsychologie de l'attention. https://www.resodys.org/IMG/pdf/_HabibBJP_22_1_10.pdf*
[31] *Mecking, O. (2017). A day with dyspraxia. https://www.headspace.com/blog/2017/05/24/a-day-with-dyspraxia/*

un même temps.

Les résultats d'une recherche ayant étudiée la population suédoise sur quarante ans a démontré « que les patients atteints de schizophrénie ou de trouble bipolaire et leurs proches sont surreprésentés dans les professions créatives » et conclu à une « association entre les professions créatives et les parents au premier degré de patients atteints de schizophrénie, de trouble bipolaire, d'anorexie mentale et pour les frères et sœurs de patients autistes » (Kyaga et al., 2011, p. 373). Cependant, les études concernant la divagation de l'esprit et la schizophrénie semblent aujourd'hui contradictoires (T. Chen et al., 2019 ; Shin et al., 2015) et les déficits en pensée divergente (Nemoto et al., 2005 ; Rodrigue & Perkins, 2012) pourraient s'expliquer par le fait que « la manière dont les sous-processus cognitifs interagissent pendant la production créative authentique » ne sont pas pris en compte dans ces tests (Boldt, 2019) car « l'individu pourrait séquencer les sous-processus de créativité de plusieurs manières différentes » (Lubart, 2001, p. 304) ce qui les rendrait difficiles à évaluer. Les tests standardisés sur les personnes bipolaires ne montrent pas non plus de meilleure créativité mais des niveaux de créativité plus homogènes (Johnson et al., 2015). Cependant, dans certains échantillons de population, notamment parmi les personnalités éminemment créatives « le trouble bipolaire est clairement surreprésenté » (Johnson et al., 2012, p. 4).

Il est donc intéressant de noter qu'en fonction du trouble, les modes d'attention et de conscience sont modifiés et donc le domaine de créativité et les processus pourraient différer. Il serait ici intéressant d'étudier des individus avec une cooccurrence d'autisme,

TDAH, bipolarité et dys afin d'analyser les répercussions sur le processus créatif et comment s'agencent l'attention et la conscience. On peut par exemple faire l'hypothèse qu'il y aurait (dans le cas de présence des facteurs protégeant de Carson et de l'environnement) une succession de différents EMC et attentions entraînant une cognition créative inconsciente et par défaut.

En définitive, ces résultats, parfois contradictoires sur le terrain, pourraient aussi s'expliquer par le fait que les tests standardisés sont réalisés sur des critères très normés et socioculturels en fonction des personnes sans « trouble » avec lesquels les personnes avec « trouble » peuvent avoir des difficultés à correspondre (cela apparaît clairement dans le cas de l'autisme qui a pour première conséquence des difficultés sociales), mais aussi que les personnes fonctionnant avec la même cognition mais bénéficiant des facteurs protégeants évoqués par Shelley Carson (2011) ne se font pas diagnostiquer - car ne « souffrant » pas - et sont souvent simplement considérées comme intelligentes ou créatives par la littérature scientifique et la société et non comme malades.

D) Conclusion

En définitive, la littérature scientifique sur les troubles-neurodéveloppementaux actuels, l'intelligence et la créativité est très riche, et il appartient à chaque personne de se faire sa propre idée et d'approfondir la question. Une chose est sûre, il est possible de dissocier la cognition créative relative aux psychopathologies de la question de l'intelligence (efficience et déficience) et ainsi les facteurs

« protégeant » de ceux « aggravant » ces différences cognitives. Cela signifie qu'il est possible d'être bipolaire et très intelligent au sens du QI, TDAH et peu intelligent au sens du QI, autiste est très intelligent au sens du QI ou encore schyzophrène et peu intelligent au sens du QI et vice-versa pour l'ensemble. Mais cette littérature suffit-elle à reconsidérer les choses sous une autre perspective ? Pas forcément. Cependant, elle est un premier pas. Le second va consister maintenant à s'interroger sur les relations entre ces troubles-neurodéveloppementaux, leurs origines, leurs places dans la société et les sciences.

Il est par ailleurs intéressant de noter la différence de traitement social entre les individus « créatifs » et les individus « intelligents », et ce dès l'entrée à l'école, que Paul Ellis Torrance a très bien décrite dès les années 60. Cela tempère et contraste avec les deux positions entendues habituellement : les individus très intelligents échouent davantage à l'école et réussissent moins bien à s'intégrer[32] vs les individus très intelligents s'intègrent mieux dans la société[33], qui finalement ne vont pas dans le fond de la question. D'autres questions se posent : les différences de créativité (notamment au niveau professionnel et éminent) au-delà de 120 de QI ne sont-elles pas finalement médiées par la personnalité et la présence ou non de ces fameux « troubles » chez les individus ? Et si

---

[32] *Pratique. (2017). Enfant précoce : est-ce vraiment une chance ?. https://www.pratique.fr/actu/enfant-precoce-est-ce-vraiment-une-chance-9073079.html*
[33] *Ramus, F. (2017). La pseudoscience des surdoués. http://www.scilogs.fr/ramus-meninges/la-pseudoscience-des-surdoues/*

oui, à quel degré ? Que se passerait-il si du jour au lendemain nous commencions à considérer cette cognition, non plus comme une cognition pathologique mais comme faisant partie du fonctionnement habituel de milliers voire de millions de personnes dans le monde depuis des milliers d'années ? D'autant plus quand nous savons que la cognition des personnes ayant des « troubles neuro-développementaux » est très liée à la cognition créative et que l'ensemble de ces « troubles » partagent des racines génétiques communes.

CHAPITRE 2 : PSYCHOPATHOLOGIES OU DIVERSITÉ GÉNÉTIQUE ET NEUROLOGIQUE ?

A) Caractéristiques cérébrales et génétiques partagées intra-psychopathologie

Différentes anomalies (comprises comme des variations qui s'éloignent de la norme) ont été détectées au niveau de la latéralisation des structures cérébrales chez les personnes schizophrènes, avec un syndrome de Tourette, un TDAH, un trouble du spectre autistique et un trouble obsessionnel compulsif (Klimkeit & Bradshaw, 2006). Ces différences de latéralisation s'expliquent par des distributions asymétriques dans les neurotransmissions liées aux systèmes cholinergiques, dopaminergiques, sérotoninergiques et noradrénergiques selon les différents troubles. Les auteurs soulignent que « la nature génétique des troubles neuro-développementaux suggère une éventuelle valeur adaptative » (2006, p. 113) et que « cette latéralisation des amines psychogéniques reflète un système d'éveil ancien, latéralisé et évolutif. (...) Les différents troubles neuro-développementaux peuvent refléter un compromis différentiel dans le temps et le lieu » (2006, p. 114). Par ailleurs, John L. Bradshaw et Dianne M. Sheppard (2000), expliquent qu'en effet les principaux troubles neuro-développementaux sont d'une part liés aux neurotransmetteurs que sont la dopamine, la sérotonine, la norepinephrine, le glutamate et l'acide aminobutirique et qu'il existe une haute comorbidité parmi les troubles. Ainsi, les troubles se manifestent différemment en fonction du système frontostriatal qui « est compromis à la suite de prédispositions génétiques héréditaires et de contingence environnementale » (2000, p. 312). Ils expliquent aussi que biologiquement et médicalement, ce polymorphisme génétique doit avoir une « signification adaptative, se développant de manière qui soit avantageuse pour la survie dans certaines conditions et désavantageuse dans d'autres » (2000, p. 313) et cela s'expliquerait par le fait que « la sélection naturelle peut avoir façonnée nos mécanismes mentaux en termes d'adaptation et de survie ; de nombreuses réponses émotionnelles et comportementales peuvent non seulement être des symptômes d'un trouble, mais plutôt refléter des réponses adaptatives à d'éventuelles exigences environnementales » (2000, p. 313). Enfin, ils finissent en expliquant que « les pressions évolutives ont façonné les systèmes préfrontaux (structuraux et neurochimiques) qui régissent nos prédispositions, et les changements de pression profitent différentiellement aux différentes prédispositions » (2000, p. 313).

Par ailleurs, il semblerait que l'ensemble des relations entre les différentes pathologies ne soit pas anodin. Il pourrait être liée au fait que certaines variations génétiques soient partagées. Michael J. Gandal et son équipe ont étudié les phénotypes moléculaires cérébraux liées à l'autisme, la schizophrénie, la bipolarité, l'alcoolisme et la dépression et ont fait des découvertes intéressantes. En effet, ils ont

> « identifié des modèles de perturbations d'expression génique partagées et distinctes dans ces conditions. Le degré de partage de la dérégulation transcriptionnelle est lié au chevauchement polygénique (basé sur le polymorphisme mononucléotidique) entre les troubles, suggérant une composante génétique causale substantielle. Cette vue globale au niveau des systèmes de l'architecture neurobiologique des principales maladies neuropsychiatriques montre les voies de convergence moléculaire et de spécificité » (Gandal et al., 2018, p. 693).

Ainsi, selon les données récoltées et analysées ils suggèrent que

> « des facteurs génétiques partagés sous-tendent une proportion importante de chevauchement d'expression entre les troubles. Étant donné qu'une minorité de ces relations représentent l'expression de locus de caractères quantitatifs, la plupart des effets génétiques agissent probablement indirectement, à travers une cascade d'événements de signalisation de développement et de cellule à cellule enracinés dans le risque génétique. La variation génétique n'est pas non plus le seul moteur de la variation d'expression ; il y a sans aucun doute une contribution des effets environnementaux » (2018, p. 697).

D'autres équipes de recherche ont trouvé des chevauchements entre autisme, schizophrénie et bipolarité (Ellis et al., 2016 ; Goes et al., 2016) mais aussi des différences claires, notamment chez des jumeaux monozygotes (Dempster et al., 2011). Les fortes corrélations génétiques entre les différents « troubles » pourraient confirmer une étiologie partagée entre l'ensemble des troubles neuro-développementaux et pourrait amener à discuter de l'idée selon laquelle un seul « spectre pathologique » existerait et que les modifications et différences individuelles se trouveraient à l'échelle épigénétique, à savoir que des changements pourraient se produire en lien avec l'environnement des individus (exemple : alimentation, médication, stress, maladies et cadre et mode de vie d'une manière plus générale). Certains chercheurs parlent d'ailleurs d'un continuum cognitif entre l'autisme et la dyslexie (Williams & Casanova, 2010), entre le TDAH et la dyslexie (Sánchez-Morán et al., 2018), entre le TDAH et l'autisme (Kern et al., 2015) ou encore le TDAH, l'autisme et les troubles obsessionnels compulsifs (Kushki et al., 2019) et nous constatons beaucoup d'exemples (en dehors de ceux du précédent chapitre) où les mutations génétiques ont lieu sur le même gène dans l'ensemble des troubles neuro-développementaux ou psychiques comme pour le gène CACNA1C et la schizophrénie, l'autisme, la bipolarité, la dépression (Li et al., 2015 ; Lu et al., 2018 ; Moon et al., 2018 ; Song et al., 2018).

En définitive, l'ensemble de ces données pourrait signifier concrètement que la grande créativité relevée chez certaines personnes présentant l'ensemble des variations génétiques exposées plus tôt ainsi qu'un fonctionnement cérébral différent et les facteurs protecteurs présentés par Carson (2011) pourrait simplement être un mécanisme cérébral et un avantage évolutionnaire. Mais d'où viendrait donc ce polymorphisme génétique ?

B) Origines de ces caractéristiques partagées et des psychopathologies

Bernard Wallner, Sonja Windhager et Katrin Schaefer (2017), chercheurs en biologie comportementale et anthropologie évolutive à l'Université de Vienne en Autriche ont réalisé une étude présentant des données qui confirme « l'hypothèse selon laquelle l'expression phénotypique de la créativité est une caractéristique génétiquement héritée chez les primates » (2017, p. 135) et que cette expression remonterait à il y a plus de 25 millions d'années. L'étude documente les polymorphismes génétiques communs de la fluidité verbale et du gène DRD2 entre les humains et les primates non humains. Ce dernier polymorphisme génétique a été identifié comme étant relié à une « plus grande créativité verbale » chez les individus (Reuter et al., 2006, p. 190).

En outre, Svante Pääbo, chercheur en biologie et anthropologie génétique évolutionniste à l'Institut Max Planck de Leipzig en Allemagne, travaille sur les génomes des différentes lignées d'homo depuis maintenant plusieurs années. Avec ses collègues, ils ont identifié des caractéristiques génétiques relatives « aux fonctions cognitives, au métabolisme, aux caractéristiques crânienne, claviculaire et thoracique »[34] qui indiquent que les *homo sapiens* et les *homo neandertalis* se seraient métissés il y a près de 100

---

[34] *Max-Planck-Gesellschaft. (2010). The Neandertal in us.* https://www.mpg.de/617258/pressRelease20100430

000 ans. Aujourd'hui, homo sapiens et homo neandertalis partagerait tout de même 99,7% de leur ADN contre 98,8% entre homo sapiens et les chimpanzées (Green et al., 2010b)[35]. D'autres chercheurs ont souligné que des variations génétiques néanderthaliennes se retrouvent chez les *homo sapiens* et elles seraient notamment liées aux formes des crânes (os occipitaux et pariétaux) et aux volumes de matières grises et blanches et cela suggère selon eux que la « variation génétique dérivée de l'homme de Néandertal est neurologiquement fonctionnelle dans la population contemporaine » (Gregory et al., 2017, p. 1). Dès 2002, des chercheurs de l'Université de Californie émettaient l'hypothèse selon laquelle que les variations génétiques relatives au gène DRD4 et à la répétition sept fois d'une allèle (DRD4 7R) que l'on identifiait chez des personnes TDAH et parfois chez des autistes (Grady et al., 2005 ; Reiersen & Todorov, 2011) et dans les comportements relatifs à la recherche de nouveauté pourrait provenir de *l'homo neandertalis* car elle serait apparue à leur époque (Ding et al., 2002, p. 313).

Par ailleurs, en étudiant la méthylation de l'ADN (« mécanisme épigénétique qui se produit par l'addition d'un groupe méthyle (CH3) à l'ADN, modifiant ainsi souvent la fonction des gènes et affectant l'expression des gènes »[36]) des *homo neandertalis* et *homo denisovensis*, des chercheurs de plusieurs universités ont trouvé

---

[35] *National Geographic. (2010). Neanderthals, Humans Interbred—First Solid DNA Evidence. https://www.nationalgeographic.com/news/2010/5/100506-science-neanderthals-humans-mated-interbred-dna-gene/*
[36] *What is epigenetics ? (2013). DNA Methylation. https://www.whatisepigenetics.com/dna-methylation/*

plus de « 2000 régions différentiellement méthylées » qui sont « sont beaucoup plus susceptibles d'être associés à des maladies » (Gokhman et al., 2014, p. 523) et que plus d'un tiers des gènes liés à la maladie (30 sur 81) « sont impliqués dans des troubles neurologiques et psychiatriques » (2014, p. 527). Cette méthylation pourrait aussi expliquer pourquoi l'autisme et la schizophrénie n'étaient pas présents chez les *homo neandertalis* et *denisovensis* (Neanderthal and Denisovan gene activity not like ours, 2014), et certains se posent la question de savoir si la schizophrénie n'est pas le prix qu' « Homo Sapiens paie pour le langage » (Crow, 2000 ; Murphy et al., 2017). Aussi, des chercheurs de l'Institut Scientifique de Bosisio Parini en Italie ont mis en lumière des données montrant que des forces sélectives distinctes et une introgression (« hybridation par introduction de caractéristiques héréditaires d'une espèce dans le génome d'une autre espèce »[37]) néandertalienne ont façonné la diversité génétique au niveau des gènes impliqués dans les troubles neuro-développementaux tels que l'autisme ou la schizophrénie (Mozzi et al., 2017). PingHsun Hsieh et ses collègues ont plus récemment réussi à caractériser « deux des gènes du nombre de copies les plus grands et les plus complexes sur les chromosomes 16p11.2 et 8p21.3 qui ont introgressé chez les hommes de Denisovan et de Néanderthal, respectivement, et sont absents de la plupart des autres populations humaines » (Hsieh et al., 2019, p.

---

[37] *Universalis.* *(2019).* *Introgression.* *https://www.universalis.fr/dictionnaire/introgression/*

324). Ainsi, la délétion (« remaniement chromosomique correspondant à la perte d'un fragment d'ADN pouvant aller d'une seule paire de base à un grand fragment de chromosome »[38]) 16p11.2 est en lien avec *l'homo desinovensis* et l'autisme (Tabet et al., 2012). D'autres mutations ont été identifié chez les autistes et comme provenant du génome néandertalien, comme le gène BRCA2 qui est aussi lié au cancer du sein ou la microcéphalie mais qui joue aussi un rôle dans le développement du cerveau. Ainsi, un chercheur explique que « sa connexion avec l'autisme suggère que ces différences pourraient être (également) liées à la nature plus encapsulée de la cognition néandertalienne et à leurs caractéristiques de type autistique » (Benítez-Burraco, 2018, p. 1). Cette introgression néanderthalienne a été aussi observée comme pouvant influencer le risque de TDAH (Esteller-Cucala et al., 2019), de schizophrénie (C. Liu et al., 2019 ; S. Srinivasan et al., 2016) ou encore de bipolarité (Sherman, 2012) dans les populations actuelles. Tout cela pourrait notamment expliquer pourquoi les individus bipolaires manifestent « un signal biologique de changement de saison similaire à celui observé chez les animaux en hibernation » et que l'incidence du trouble bipolaire soit plus réduite chez les individus noirs que chez les individus blancs (2012, p. 113). Ce qui n'est pas étonnant quand on sait que l'être humain aurait pu hiberner il y a 500 000 ans (Bartsiokas & Arsuaga, 2020). Ce qui pourrait aussi expliquer les

---

[38] *Futura Sciences. (2016). Délétion. https://www.futura-sciences.com/sante/definitions/genetique-deletion-127/*

différences dans les régions de l'hippocampe chez les bipolaires (Konradi et al., 2011). L'évolution pourrait aussi expliquer la question des hyperesthésies (sensibilité exacerbée de certains sens comme la vue ou le goût ou l'odorat) quand on sait que les sens ont évolué vers des capacités sensorielles générales moins bonnes[39] dans nos sociétés occidentales. On sait aussi que la parentalité a aussi largement évolué pour s'adapter à la culture et à l'évolution de la biologie à travers le temps (Small, 1998) et que la psychologie évolutionniste nous donne de nouveaux angles de vue sur certaines « maladies » telles que l'anorexie par exemple qui aurait pu avoir une utilité dans le passé[40], mais pourrait toujours en avoir dans des situations de famine dont l'humanité n'est toujours pas à l'abri.

Enfin, Penny Spikins[41] et Barry Wright de l'Université de York au Royaume-Uni ont écrit un livre sur la préhistoire de l'autisme où ils indiquent que

> « Notre histoire des origines humaines doit inclure, plutôt qu'exclure, l'autisme. Cependant, écrire une nouvelle histoire d'origine humaine sur la diversité et l'inclusion n'est pas nécessairement facile. Bien que nous soyons tous capables de voir les autres de la même manière, nos esprits primates ancestraux peuvent nous inciter à vouloir être meilleurs, que nous soyons neurotypiques ou autistes, ou même différents de quelque manière que ce soit. Qui que nous soyons, nous tombons trop facilement

---

[39] *Melin, A., Breslin, P., Rutgers & Hoover, K. C. (2017). How We Came to Our Senses: Ecology, Evolution, and the Future of Human Sensation.*
https://aaas.confex.com/aaas/2017/webprogram/Session15054.html
[40] *American Psychology Association. (2004). An evolutionary explanation for anorexia?. https://www.apa.org/monitor/apr04/anorexia*
[41] *Le Point. (2017). Comment nos ancêtres autistes ont joué un rôle clé dans l'évolution. https://www.lepoint.fr/histoire/comment-nos-ancetres-autistes-ont-joue-un-role-cle-dans-l-evolution-16-04-2017-2120189_1615.php*

dans la tentation de voir l'histoire de l'évolution humaine comme le développement progressif de notre esprit et donc les innovations passées deviennent nos inventions dans un récit auquel il est difficile d'échapper. Si nous sommes autistes, nous aimerions une histoire évolutive dans laquelle l'autisme joue le rôle principal, alors que si nous sommes neurotypiques, nous souhaitons que l'évolution soit notre histoire. Comme nous l'avons vu, cependant, être humain, ce n'est pas avoir un type d'esprit en particulier, mais faire partie d'un équilibre complémentaire entre les personnes. Notre nouvelle histoire ne peut pas porter sur un esprit ou un autre mais sur ce qui se passe entre eux ».

Il n'est donc pas étonnant de constater que les gènes en lien avec l'autisme sont plus anciens que les autres gènes du génome (Casanova et al., 2019), que certains gènes en lien avec les troubles neuro-développementaux se retrouvent dans les parties du génome qui ont divergé de celles des chimpanzés[42] et que ces mutations expliqueraient les différences de cognition et de comportements sociaux (Doan et al., 2016) qui existaient déjà chez l'*homo neanderthalensis* qui avait aussi une plus grosse capacité respiratoire (Gómez-Olivencia et al., 2018) et chez qui on retrouvait déjà une plus grande masse corporelle et des systèmes visuels significativement plus grands (Pearce et al., 2013) à l'instar de ce qui a été constaté chez les autistes Asperger comme le rappelle Laurent Mottron (2021).

Cela amène donc à s'interroger sur la question du pathologique et du normal.

---

[42] *Harvard Medical School. (2016). Autism and Evolution.* *https://hms.harvard.edu/news/autism-evolution*

C) Normes socio-culturelles et pathologies

Les utilisations des termes de « génie », « folie », « maladie mentale », « psychopathologie » ou encore de « créativité éminente » rendent l'étude de l'évolution des questions du normal, de la différence et du pathologique dans la psychiatrie et les sociétés pertinente.

1) « Pathos », « psyché » et « norma »

Le terme « pathologie » provient de deux termes grecs, à savoir *pàthos* (la passion) et *lógos* (le discours), ainsi le terme renvoie à l'étude des passions (passion est entendue au sens de souffrance mentale, maladie, ou perturbation morale)[43]. Le terme normal provient du latin *norma* (la règle, le modèle) et signifie conforme à la règle[44]. Le terme psycho provient du grec *psukhê* (l'âme, le souffle de la vie, la personnalité individuelle) et fait référence aux phénomènes psychiques d'un individu[45] [46]. Ainsi l'étude des notions de « norme » et de « psychopathologie » renvoie tour à tour à l'étude de ce qui est conforme à une loi, un principe et à l'étude des perturbations

---

[43] *Centre National des Ressources Textuelles et Lexicales. (2010). Pathologie. https://www.cnrtl.fr/etymologie/pathologie*
[44] *Centre National des Ressources Textuelles et Lexicales. (2008). Pathologie. https://www.cnrtl.fr/etymologie/normal*
[45] *Wiktionnnaire. (2006). Psyché. https://fr.wiktionary.org/wiki/psyché*
[46] *Centre National des Ressources Textuelles et Lexicales. (2015). Pathologie. https://www.cnrtl.fr/etymologie/psyché*

(trouble ou modification) dans les mécanismes psychiques et les manifestations conscientes et inconscientes de la personnalité d'un individu. Cela sous-entend donc une dichotomie, une opposition entre le normal et l'anormal, le pathologique.

Georges Canguilhem, médecin et philosophe, a été l'un des fers de lance des auteurs contemporains de ce débat. Dans sa thèse de médecine sur le normal et la pathologique qu'il a soutenu en 1943, il expliquait qu'une « norme tire sons sens, sa fonction et sa valeur du fait de l'existence en dehors d'elle de ce qui ne répond pas à l'exigence qu'elle sert » (Canguilhem, 1972, p. 176) et que

> « L'anormal, en tant qu'a-normal, est postérieur à la définition du normal, il en est la négation logique. C'est pourtant l'antériorité historique du futur anormal qui suscite une intention normative. Le normal c'est l'effet obtenu par l'exécution du projet normatif, c'est la norme exhibée dans le fait. Sous le rapport du fait, il y a donc entre le normal et l'anormal un rapport d'exclusion » (Canguilhem, 1972, p. 180).

Ainsi, les questions du normal et du pathologique chez Canguilhem semblaient donc déjà renvoyer à des facteurs et des normes socio-culturelles qui visaient à instaurer des critères sur ce qui est acceptable ou non dans une société donnée à une période donnée dans des buts d'exclusion, d'inclusion et de normalisation de certains comportements. Plus récemment, dans son ouvrage sur la psychopathologie de l'enfant et de l'adolescent, Jean E. Dumas, professeur de psychologie clinique développementale à l'Université de Genève consacrait la première partie du premier chapitre au thème du normal et du pathologique. Selon lui, « le normal et le pathologique sont séparés par des frontières statistiques, normatives, développementales et adaptatives, qu'il est souvent difficile d'établir en pratique et qui, toujours, impliquent un jugement social » (Dumas, 2013, p. 10). Il ajoutait par ailleurs que

> « pour être considéré comme anormal, le comportement d'un enfant ou d'un adolescent répond habituellement à un ou plusieurs critères suivants : (…)
>
> - **Excès ou insuffisance**. On juge souvent un comportement anormal quand sa fréquence et/ou son intensité diffèrent clairement de la manière dont la plupart des personnes se comportent dans des circonstances semblables. (…)
>
> - **Enfreinte aux normes**. On qualifie aussi fréquemment d'anormaux les comportements ne répondant pas aux attentes familiales, sociales et culturelles. (…)
>
> - **Retard ou décalage développemental**. Un comportement est également anormal lorsqu'il retarde ou entrave le développement de l'enfant et l'empêche d'acquérir une panoplie de compétences affectives, sociales et instrumentales. (…)
>
> - **Entrave au fonctionnement adaptatif**. Finalement – élément très important – le comportement d'un enfant ou d'un adolescent est considéré comme anormal quand il perturbe le cours habituel du développement et entraîne une souffrance évidente pour le jeune et, très souvent, pour son entourage » (Dumas, 2013, p. 13-14).

Ainsi, Jean E. Dumas explique que le pathologique et l'anormal renvoie à des patterns comportementaux différents de ceux de la majorité, qui ne répondent pas aux attentes sociales, familiales et culturelles, qui empêchent d'acquérir certaines compétences sociales, affectives et instrumentales et qui créent une souffrance chez la personne ou son entourage. Il s'agit donc en l'espèce de critères plutôt vastes qui peuvent amener à des interprétations et des débats plutôt vifs. Il est d'ailleurs étonnant de noter qu'aucun critère biologique (génétique ou neurologique) – qui pourrait sembler davantage objectif - n'est évoqué et pris en compte et qu'il s'agit davantage d'analyses de comportement en comparaison aux attitudes et attentes d'une majorité de personnes. L'un des exemples les plus frappants et polémiques sur ces questions du pathologique et de l'anormal est le thème de l'homosexualité qui a été considérée pendant des siècles comme une déviance. Et il est intéressant de noter que les membres de l'Association Américaine de Psychologie (APA) ont supprimé « l'homosexualité en tant que trouble en 1974 et l'ont remplacé par une description beaucoup plus légère du nom de "perturbation de l'orientation sexuelle"» (Mayes et al., 2009, p. 76). Si Rick Mayes, Catherine Bagwell et Jennifer Erkulwater prennent l'exemple de l'homosexualité dans un livre sur le TDAH, ce n'est pas par hasard, car il existe aussi un débat houleux sur cette thématique. Par ailleurs la notion d'acte contre nature pour qualifier l'homosexualité n'a été retirée du code pénal français qu'en 1982[47] à l'occasion de la loi sur la dépénalisation des actes sexuels homosexuels avec des mineurs de plus de quinze ans (l'âge de la majorité sexuelle) et l'homosexualité n'a été supprimée du Classement International des Maladies (CIM) de l'Organisation Mondiale du Commerce (OMS) en tant que « déviations sexuelles et troubles sexuels » qu'à l'occasion du CIM-10 de 1990[48].

Cette problématique et ce phénomène de

---

[47] *Legifrance. (1982). Loi n°82-683 du 4 août 1982 abrogeant le deuxième alinéa de l'article 331 du code pénal, Journal Officiel du 5 août 1982. https://www.legifrance.gouv.fr/affichTexte.do?cidTexte=JORFTEXT0000006919 92*

[48] *Organisationn Mondiale de la Santé, Bureau régional de l'Europe. (2011). Mettre fin à la discrimination contre les hommes et les femmes homosexuels. http://www.euro.who.int/fr/health-topics/health-determinants/gender/news/news/2011/05/stop-discrimination-against-homosexual-men-and-women*

psychopathologisation étaient aussi déjà mis en avant par Michel Foucault qui a donné un cours au collège de France sur les anormaux en 1975. Il évoquait d'ailleurs le thème de l'homosexualité et disait à ce sujet que

> « Lorsque l'époque classique internait tous ceux qui, par la maladie vénérienne, l'homosexualité, la débauche, la prodigalité, manifestaient une liberté sexuelle que la morale des âges précédents avait pu condamner, mais sans songer jamais à les assimiler, de près ou de loin, aux insensés, elle opérait une étrange révolution morale : elle découvrait un commun dénominateur de déraison à des expériences qui longtemps étaient restées fort éloignées les unes des autres. Elle groupait tout un ensemble de conduites condamnées, formant une sorte de halo de culpabilité autour de la folie. La psychopathologie aura beau jeu à retrouver cette culpabilité mêlée à la maladie mentale, puisqu'elle y aura été mise précisément par cet obscur travail préparatoire, qui s'est fait tout au long du classicisme. Tant il est vrai que notre connaissance scientifique et médicale de la folie repose implicitement sur la constitution antérieure d'une expérience éthique de la déraison » (Foucault, 1972, p. 106).

Ainsi, il semble particulièrement important de s'interroger continuellement sur les frontières de ce qu'une société considère comme pathologique et anormal. Ce qui peut être considéré comme anormal, ce qui est dénigré à une époque peut être valorisé et considéré comme normal voire extraordinaire à une autre époque. Le même raisonnement peut être effectué concernant le concept de créativité qui a pu évoluer selon les époques et les lieux. Robert Sternberg et James Kaufman donnent à juste titre les exemples de Van Gogh et Semmelweis :

> « Ainsi, nous nous retrouvons avec des cas tels que Vincent Van Gogh, dont la créativité n'a pas été appréciée de son vivant, ou Ignaz Semmelweis, le médecin qui conseillait aux autres médecins de se laver les mains afin de réduire le sepsis et qui a été ridiculisé et finalement interné (et qui est mort par la suite de sepsis dans

l'institution dans laquelle il était entré) » (Sternberg & Kaufman, 2010, p. 479).

Cet exemple questionne donc à nouveau la question des normes socioculturelles standardisées des tests d'intelligence et de créativité. En approfondissant la question des fameux génies créatifs, certains chercheurs mettent en avant qu'ils auraient pu aujourd'hui avoir des diagnostics de psychopathologies et auraient pu être sous traitement ou accueillis dans des institutions spécialisées. C'est par exemple le cas de Léonard De Vinci (Catani & Mazzarello, 2019) qui présente l'ensemble des caractéristiques d'un TDAH et aurait pu avoir un traitement à base de méthylphénidate et un destin différent, ou encore de Michelangelo qui présentait l'ensemble des caractéristiques du syndrome d'Asperger et aurait pu être considéré comme schizophrène ou débile par la médecine d'aujourd'hui avec les critères de l'époque (Arshad & Fitzgerald, 2004). Enfin d'autres chercheurs s'interrogent pour comprendre de quel trouble aurait eu Wolfgang Amadeus Mozart, à savoir la maladie de Gilles de La Tourette (Ashoori & Jankovic, 2007 ; Simkin, 1992) ou un syndrome d'Asperger (Fitzgerald, 2005 ; Raja, 2015). Il existe d'ailleurs une branche de recherche appelée la paléopsychiatrie, qui comme son nom l'indique, cherche à effectuer des diagnostics rétrospectifs en fonction des attitudes et manières de penser de certaines personnes éminentes et des critères actuels (Charlier & Deo, 2018 ; Fitzgerald, 2000 ; Keynes, 2008 ; Lagerkvist, 2002 ; Otaiku, 2018 ; Sacks, 2001 ; Schmidt et al., 2020).

Plus récemment, en 2013, le psychiatre Allen Frances qui a présidé le groupe de travail du quatrième manuel diagnostique et statistique des troubles mentaux (DSM-IV) publié en 1994 écrivait à propos du normal que :

> « Les dictionnaires ne peuvent pas fournir de définition satisfaisante ; les philosophes se disputent sur sa signification ; les statisticiens et psychologues le mesure sans fin mais échouent à capturer son essence ; les sociologues doutent de son universalité ; les psychanalystes doutent de son existence ; et les docteurs de l'esprit et du corps sont occupés à ronger ses frontières (…). Si seulement nous regardons assez fortement peut être que tout le monde finira par devenir plus ou moins malade » (Frances, 2013, p. 3).

Il soulignait aussi que

> « Le DSM-V laisse entrevoir la possibilité que des millions et des millions de personnes actuellement considérées comme normales recevront un diagnostic de trouble mental et recevront des médicaments et une stigmatisation dont elles n'ont pas besoin » (Kudlow, 2013, p. E25).

En effet, plusieurs points du DSM-V ont fait et font toujours débat comme le soulignait une pétition signée et relayée par les associations danoises et britanniques de psychologie mais aussi certaines branches de l'association américaine[49] en raison de débats sur les critères de diagnostics mais aussi des conflits d'intérêts avec les compagnies pharmaceutiques[50]. Comme indiqué plus tôt, il est étonnant de ne voir aucun critère plus objectif dans les classifications et diagnostics des troubles du DSM. C'est pourquoi l'Institut

---

[49] *Ipetititons. (2013). Open Letter to the DSM-5. https://www.ipetitions.com/petition/dsm5/*

[50] *Psychomedia. (13 mars 2012). Diagnostics psychiatriques du DSM-5 : conflits d'intérêts chez 2/3 des experts. http://www.psychomedia.qc.ca/dsm-5/2012-03-13/conflits-d-interets*

National des Maladies Mentales américain à souhaité rectifier le tir afin de prendre le contre-pied du DSM :

> « Le *National Institute of Mental Health* (NIMH) américain travaille à l'élaboration d'une classification des psychopathologies indépendante du DSM (…). Parmi les limites, les catégories diagnostiques ne concordent pas toujours avec les apports des neurosciences et de la génétique et ils ne reflètent pas des mécanismes à l'origine des dysfonctions ou des pathologies. Bien que mal approprié pour la recherche sur les traitements médicamenteux (puisque non basé sur les causes biologiques des troubles), le DSM est quand même utilisé par les compagnies pharmaceutiques car les autorisations de mise sur le marché (AMM) sont liées aux affections qu'il décrit (…). Le NIMH a entrepris un programme de recherche, le *Research Domain Criteria*, qui vise à définir des dimensions de fonctionnement de base (telles que le circuit neurologique de la peur ou la mémoire de travail). L'intention est de traduire les progrès rapides de la recherche neurobiologique et comportementale en une compréhension intégrée de la psychopathologie. Ces travaux devraient permettre l'émergence d'une classification des troubles basée sur les causes biologiques » [51].

Naïvement, nous pourrions penser qu'une telle classification pourrait entièrement chambouler le monde de la psychologie et de la psychiatrie et certains états qui sont considérés comme aujourd'hui des maladies mentales. D'autant plus que le DSM indique clairement « les troubles mentaux sont définis en tenant compte des normes et des valeurs culturelles, sociales et familiales » (2015, p. 15) et il existe même des troubles entièrement sociaux comme « le trouble de la communication sociale ».

---

[51] *Psychomedia. (25 janvier 2012). Le NIMH américain développe une autre classification des troubles psychiatriques que le DSM. http://www.psychomedia.qc.ca/sante-mentale/2012-01-25/classification-des-troubles-mentaux-nimh*

Cependant, il est aussi possible et probable qu'elle serve à des fins d'eugénisme et de lissage génétique dans le futur. À certaines époques, les femmes considérées comme des sorcières et pratiquant la sorcellerie étaient brûlées alors qu'aujourd'hui une secrétaire d'État chargée de l'égalité entre les femmes et les hommes peut signer une pétition pour la réhabilitation des sorcières[52] et indiquer que « dans mon village, les mythes et la magie font partie de nos légendes depuis toujours. On y pratique encore parfois des rituels pour enlever le mauvais œil »[53] sans que cela ne soit considéré comme profondément anormal ou déviant. C'est aussi ce qu'écrivait Michel Foucault à propos de la sorcellerie dans son ouvrage sur l'histoire de la folie :

> « Or deux faits sont caractéristiques : le premier, c'est que les condamnations pour pratiques de sorcellerie ou entreprises magiques deviennent fort rares, à la fin du XVIIe siècle et après l'épisode des poisons ; on signale encore quelques affaires, surtout dans la province ; mais très vite, les sévérités s'apaisent. Or les pratiques condamnées ne disparaissent pas pour autant ; l'Hôpital général et les maisons d'internement reçoivent en grand nombre des gens qui se sont mêlés de sorcellerie, de magie, de divination, parfois aussi d'alchimie » (Foucault, 1972, p. 110-111).

Par ailleurs, Thomas Szasz, psychiatre hongrois et professeur émérite à l'Université d'État de New York Upstate

---

[52] *Le Journal du Dimanche. (2 novembre 2019). L'appel de près de 200 personnalités : "Sorcières de tous les pays, unissons-nous!". https://www.lejdd.fr/Societe/lappel-de-200-personnalites-sorcieres-de-tous-les-pays-unissons-nous-3928922*
[53] *LaDépêche.fr. (5 octobre 2019). Marlène Schiappa : son goût pour la sorcellerie fait réagir. https://www.ladepeche.fr/2019/10/05/marlene-schiappa-son-gout-pour-la-sorcellerie-fait-reagir,8460334.php*

Medical University a aussi travaillé sur la question de la folie et des maladies mentales et il contestait la toute-puissance de l'institution psychiatrique qui se serait selon lui substituée à la toute-puissance de l'Église pour contrôler les individus. Il écrivait en 1973 que

> « Si vous parlez à Dieu, vous priez ; Si Dieu vous parle, vous souffrez de schizophrénie (…). C'est pourquoi je pense que nous découvrirons la cause chimique de la schizophrénie lorsque nous découvrirons la cause chimique du judaïsme, du christianisme et du communisme » (Szasz, 1973, p. 85-86).

D'un point de vue scientifique, et en se basant sur le DSM-V, il semblerait cohérent de pouvoir assimiler un croyant religieux à une personne atteinte de schizophrénie. Le diagnostic de schizophrénie requiert actuellement la présence d'idées délirantes <u>ou</u> hallucinations <u>ou</u> un discours désorganisé ainsi qu'une incapacité à atteindre le niveau de réalisation interpersonnelle, scolaire, ou dans d'autres activités auxquelles on aurait pu s'attendre et enfin il faut que la perturbation ne soit pas due aux effets physiologiques directs d'une substance ou d'une affection médicale. En d'autres termes, dans une autre société que la nôtre, un chrétien, un musulman ou un juif pourrait être considéré comme schizophrène. Bien évidemment, il s'agit d'un point de vue médical et surtout culturel à l'instar des critères psychopathologiques de Jean Dumas explicités plus tôt. Ce que dit Thomas Szasz n'est pas entièrement correct car des causes génétiques et une réalité cérébrale de la schizophrénie existent, donc il se trompe, mais ses propos restent tout de même intéressants d'un point de vue philosophique pour s'interroger sur les contours du normal et de l'anormal. Est-ce que la religion ne serait finalement pas considérée comme une pratique pathologique car elle concerne la majorité des individus sur Terre ? D'ailleurs, il ne fustige pas seulement le traitement fait à la schizophrénie, il fait aussi l'historique du traitement des homosexuels (1976, p. 179), les clitoridectomies réalisées sur les femmes pour les guérir de la maladie du plaisir dans les années 1850 (1976, p. 207), et il raconte comment les psychiatres de l'Allemagne nazie ont utilisé les chambres à gaz sur les malades mentaux (1976, p. 230). On a d'ailleurs récemment appris que le pédiatre Hans Asperger aurait coopéré activement avec le programme d'euthanasie nazi (Czech, 2018). En définitive, selon Thomas Szasz, « le vocabulaire du diagnostic psychiatrique n'est en réalité qu'une rhétorique justificatrice pseudo-médicale de rejet » (1976, p. 251) et cela pose de nombreuses questions éthiques et de sociétés. Comme Michel Foucault, il note les parallèles entre autres l'élimination des sorcières par le feu et l'enfermement des individus gênants dans des hôpitaux psychiatriques. Thomas Szasz souligne finalement que « les personnes taxées de déviance ont en fait violé certaines règles (légales, religieuses ou sociales » et qu'on « tient le malade mental pour être dangereux parce qu'on le voit "différent sur le plan mental" » (1976, p. 290).

Ainsi, de la même manière que les sociétés humaines créent des normes sociales et culturelles (qui sont différentes voire en opposition selon le temps et l'espace), elles créent des normes psychiques, d'où le développement de la question de la « neurodiversité » depuis quelques années dans la sphère publique et celle de la recherche. Malheureusement, trop souvent, l'étude de la compréhension des personnes différentes s'est portée sur les personnes prototypiques : les déficientes et les génies. Alors qu'il est indispensable d'étudier à la fois celles et ceux au milieu de ces extrémités, mais aussi celles et ceux qui partagent les mêmes variations génétiques et neurologiques et qui vont « bien », et sont donc de facto exclus des diagnostics. La psychiatrisation et la pathologisation de ces particularités reposent sur le critère de la présence de difficultés dans le fonctionnement scolaire, social, personnel et/ou professionnel, ce qui est un non-sens au niveau génétique, médical et neurobiologique. Il est nécessaire de prendre conscience du caractère culturel du « diagnostic » et d'exclure la notion de « souffrance » qui est une notion très subjective et qui amène à de faux débats et des conflits stériles entre personnes ayant les mêmes caractéristiques mais recevant tel ou tel diagnostic selon le bon vouloir (et parfois l'ignorance et/ou l'incompétence) des professionnels.

2) Culture et neurodiversité

Une peinture très créative au Japon pourrait être considérée comme sans aucun intérêt en Italie et il en est de même avec la psychopathologie : selon les lieux et les époques, il semble que certains comportements peuvent être considérés comme normaux puis pathologisés et normalisés à nouveau.

L'un des exemples les plus visibles pour expliquer la notion de normes psychiques et cognitives est celui du syndrome d'Asperger et de ses patterns comportementaux. En effet, de la même manière qu'il existe des différences dans les conceptions de créativité dans le monde, certains comportements considérés comme autistiques dans une société (ne pas être sociable, ne pas réussir ou apprécier communiquer avec les autres, manger quotidiennement les mêmes aliments, respecter scrupuleusement toutes les règles de la bienséance comme mettre un masque lorsque l'on est malade, ne jamais se mettre du mauvais côté de l'escalator, être parfaitement ponctuel, ne pas parler trop fort, ne pas traverser au feu rouge ou encore ne jamais cueillir des fleurs dans la rue, ne pas doubler dans les files, démissionner et sortir de la vie politique en cas de tricherie ou mensonge...) sont considérés comme normaux dans certains autres pays comme la Suède ou encore le Japon alors qu'ils ne sont pas toujours respectés dans la société française par exemple. Un autre exemple est qu'en Norvège les voisins ne se disent pas bonjour lorsqu'ils se croisent, et ils ne se collent pas dans les files d'attente et cela est la norme alors qu'en France cela serait considéré comme malpoli et pourrait créer de l'anxiété sociale chez certaines personnes. Aussi, il en est de même pour la question des personnes ayant de fortes hallucinations qui étaient parfois reconnus en tant que chaman dans certaines tribus d'Amérique latine et qui seraient aujourd'hui reconnus comme schizophrènes (la schizophrénie pourrait être selon le psychiatre canadien Joseph Polimeni une « manifestation moderne des chamans tribaux préhistoriques »[54]) ou encore des personnes hyperactives qui ont une meilleure santé et

---

[54] *The Washington Post. (2015). How a West African shaman helped my schizophrenic son in a way Western medicine couldn't. https://www.washingtonpost.com/posteverything/wp/2015/03/24/how-a-west-african-shaman-helped-my-schizophrenic-son-in-a-way-western-medicine-couldnt/*

sont d'autant plus utiles dans des tribus de chasseur-cueilleurs au Kenya en raison de leur patrimoine génétique et notamment leur variation du gène DRD4 (Eisenberg et al., 2008). L'un des autres exemples phares est celui de certains troubles *dys*. Une personne dyslexique est désavantagée dans une société de l'écriture telle que la nôtre, mais elle n'aurait aucune difficulté à vivre dans une tribu africaine où l'usage de l'écriture n'existe pas. Il en est de même pour le phénomène du *futoko* (des enfants refusant d'aller à l'école) au Japon qui a été considéré comme une maladie mentale jusqu'en 1997[55] alors que le *unschooling* (pratique pronant l'éducation libre sans école et sans leçon) est quelque chose de normal dans certains états des États-Unis.

Il existe donc un terme traduisant les différences cognitives entre les individus qui se nomme la « neurodiversité ». John Elder Robison, autiste asperger possédant le syndrome du savant et co-responsable de la chaire neurodiversité à l'Université William & Mary en Virginie explique qu'il s'agit de l'« idée que les différences neurologiques comme l'autisme et le TDAH sont le résultat d'une variation normale et naturelle du génome humain »[56]. L'article souligne aussi qu'il existe des programmes de neurodiversité dans

---

[55] *BBC. (2019). Why so many Japanese children refuse to go to school. https://www.bbc.com/news/world-asia-50693777?fbclid=IwAR3xcXmShjhn3qdkCwPuTbIbLswWrpH-fawIH7REmPiLN50J5IWKMof-O5s*
[56] *Harvard Business Review. (2017). Neurodiversity as a Competitive Advantage. http://www.k12accountability.org/resources/Special-Education/Neurodiversity_Is_a_Competitive_Advantage.pdf*

certaines entreprises afin que le management puisse tirer le maximum de chaque individu. Sarah Chiche, écrivaine et psychologue, indique qu'il s'agit d'un mouvement qui « prône l'idée selon laquelle des développements neurologiques atypiques comme l'autisme, ou, par exemple, la dyslexie, le syndrome de Tourette ou les troubles du déficit de l'attention avec ou sans hyperactivité sont un style de vie »[57].

Cependant, Pier Jaarsma et Stellan Welin de l'Université de Linköping en Suède expliquaient en 2012 que « la neurodiversité est restée un concept controversé au cours de la dernière décennie » et qu'il s'agit de considérer le « développement neurologique atypique comme une différence humaine normale » (2012, p. 20). Les résultats de chercheurs de l'Université de Californie à Los Angeles ont suggéré que le concept de déficit autistique pourrait être considéré comme une différence « dans laquelle les conditions neurologiques peuvent représenter des voies aussi valables au sein de la diversité humaine » que les voies traditionnelles (Kapp et al., 2013, p. 59). Par ailleurs, d'autres chercheurs soulignent qu'il serait intéressant de dépasser et de faire dialoguer les études sur la folie, la neurodiversité et le handicap (McWade et al., 2015, p. 307) afin de sortir des idéologies partisanes.

Ainsi, il apparaît que les questions du normal, du pathologique et de la folie ne sont pas nouvelles et posent encore

---

[57] *Sciences Humaines. (2011). Fiers d'être autistes : la neurodiversité, un mouvement polémique. https://www.scienceshumaines.com/index.php?lg=fr&id_article=26739*

aujourd'hui de nombreux débats sociaux et scientifiques. En définitive, puisqu'il y a des différences entre les individus qui pourraient provenir de l'évolution de l'humain et qui auraient des implications sur les gènes et le fonctionnement cérébral et pourrait être lié à la question du génie créatif, une interrogation se présente : est-ce que la question du normal et du pathologique pourrait être reformuler et transférer vers celle de la neurotypicité et de la neurodivergence ? C'est l'une des questions que se sont posés Mylène Legault et Jean-Nicolas Bourdon doctorants à l'Université du Québec à Montréal[58] mais aussi Julie Dachez qui parle de « normopathie » : une obsession pour la normalité (2016).

Ainsi les personnes avec des troubles psychopathologiques actuels (et sans déficience) sont généralement des personnes avec des difficultés sociales, de communication, plus susceptibles d'avoir des addictions et n'ont pas un mode de pensée ni des patterns de comportementaux adaptés au contexte dans lequel elles vivent. Mais d'un autre côté, ce sont aussi des personnes très curieuses et ouvertes (aux expériences, aux idées…) qui ont des manières de faire et de voir qui peuvent bousculer les structures en place et ont parfois été rejetées pour ça (l'un des exemples les plus connus est Galilée) ou alors incomprise (nous pouvons prendre l'exemple de Léonard de Vinci et de ses inventions comme la vis aérienne qui est une sorte

---

[58] *Legault, M., Bourdon, J.-N. (reportée - COVID). De la neurodiversité à la neurodivergence: marginalisation épistémique et injustices cognitives. Communication présentée au colloque du Fonds de développement académique du réseau de l'UQ (FODAR), Université du Québec à Montréal.*

d'hélicoptère). Ces gens ont parfois modifié les paradigmes de société mais ont pu souffrir de leur différence. Il existe d'ailleurs aujourd'hui des entraînements aux habiletés sociales ou de communication pour les personnes autistes ou TDAH pour aider ces individus à s'adapter au contexte dans lequel elles vivent car la norme dans nos sociétés est de se socialiser et communiquer à outrance alors que dans un même temps, certaines théories expliquent que les individus plus intelligents sont plus heureux lorsqu'ils se socialisent moins (Li et al., 2016). Aussi, lorsque l'on étudie la communication entre deux personnes autistes et entre une personne autiste et une personne « normale », on s'aperçoit que « les personnes autistes partagent efficacement des informations entre elles » contrairement à l'idée reçue selon laquelle elles auraient des difficultés sociales, des problèmes d'empathie ou de théorie de l'esprit (Crompton, 2019 ; Crompton et al., 2020). Ainsi, les problèmes de communication pourraient être simplement liés à une cognition différente, et ainsi, le déficit de théorie de l'esprit serait avant tout relatif à l'incapacité des personnes considérées comme « normales » d'envisager, de comprendre les comportements des anormaux et d'attribuer à des individus différents des états mentaux qu'elles n'observent et ne vivent pas. Damian Milton parle du problème de « double empathie » (Milton, 2012) qui n'est d'autre qu'un problème de théorie de l'esprit réciproque, à double sens. D'autant plus qu'Hans Asperger expliquait que les personnes autistes « ont une sensibilité particulière pour les anomalies des autres enfants. En effet, aussi anormaux soient-ils eux-mêmes, ils sont presque hypersensibles à cet égard » (1944). Ainsi, les personnes

« différentes » sont sensibles à la différence des autres. Tout ceci est bien aussi évidemment relié à la question des expertises développées par les autistes qui se retrouvent in fine être appelées des « intérêts restreints » par la psychiatrie. Aussi, le psychiatre Jean-Baptiste Alexanian (de l'association Fou de Normandie et qui fait des vidéos sur la chaîne Youtube du même nom) rappelle ceci :

> « Quand on souffre d'un TDAH en général, mais qu'on a une activité qui nous fait plaisir, par exemple le tir, on va pouvoir vraiment dans ces moments de plaisirs, être extrêmement concentrés, extrêmement attentif et extrêmement performant, donc le TDAH n'est pas du tout une contre-indication à se concentrer. Si ce trouble est aussi fréquent, et est aussi héritable sur le plan génétique, c'est parce qu'il a eu, et il a à mon avis encore une utilité extrêmement importante. C'est un fonctionnement psychique utile, parce que quand vous êtes distrait, quand vous êtes impulsif en situation de stress finalement, et bien vous avez plus de chance de survivre dans un environnement hostile. C'est un fonctionnement psychique aussi fréquent aujourd'hui et qui devient de plus en plus un trouble parce que l'environnement dans lequel on évolue a radicalement changé en quelques milliers d'années. Si vous avez tous les symptômes du TDAH mais que vous n'en souffrez pas, alors vous n'avez pas de TDAH, vous avez un fonctionnement cérébral particulier qui vous amène à avoir une propension plus élevée que la moyenne à être distrait et impulsif, notamment dans les situations où il n'y a pas de plaisir, notamment dans les situations où il y a du stress, mais si ça ne vous handicape pas, alors vous n'avez pas de TDAH, vous avez cette biologie particulière. Et il y a probablement plein de gens qui ont cette biologie là et qui n'en souffriront jamais, voire même qui l'utiliseront pour faire des choses que personne d'autre ne peut faire » (Behr, 2020).

Cet argumentaire rappelle à nouveau plusieurs choses : un trouble est un trouble seulement en raison de l'environnement socioculturel et/ou en raison d'autres caractéristiques cérébrales (exemple : des soucis de fonctions exécutives, un faible QI, un déficit de mémoire de travail ou encore des persévérations comme le notait

Shelley Carson, 2011) ou biologiques générales qui peuvent provoquer des difficultés (parfois très importantes et parfois supérieures à celles que pourraient rencontrer d'autres personnes avec un faible QI ou un déficit de mémoire de travail mais sans trouble) dans la vie quotidienne, mais un fonctionnement psychique particulier (qu'il soit relatif à de l'autisme, un TDAH, de la schizophrénie, de la bipolarité ou un dys) n'est pas un trouble ou une pathologie en tant que tel. Et ce que le psychiatre Jean-Baptiste Alexanian souligne est probablement la même chose que Hans Asperger avait noté à propos des enfants qu'il a observé : ces enfants font des choses que personne d'autre ne peut faire, et cela s'observe encore davantage une fois qu'ils sont adultes, et ces enfants et ces adultes sont probablement ceux qui ne se feront jamais diagnostiquer.

En définitive, le pire dans tout ça est probablement que l'ensemble des termes utilisés fait souvent partie d'une rhétorique justificatrice de rejet et de stigmatisation que les opprimés, les dominés et les stigmatisés acceptent, réutilisent à leur propre compte tout en cherchant la reconnaissance de « spécialistes » qui ne font qu'appliquer des critères socioculturels tout droit sortis d'un manuel qui n'est ni basé sur la génétique, ni sur aucune neuroscience, ni sur la biologie mais sur des critères socioculturels et politiques, à la manière d'une nouvelle religion et qui finalement ne fait qu'identifier les « inadaptés » à la société.

Si l'on constate que la population des individus les plus rationnels (Dutton et al., 2020) et les plus créatifs (Carson, 2019) dans la population des individus les plus intelligents ont une cognition similaire à celles des personnes avec des « troubles neuro-développementaux » et qu'il n'existe pas de preuves qu'il y aurait plus de déficients chez les personnes avec des « troubles » (Clarke et al., 2016 ; Crespi, 2016 ; MacCabe et al., 2010 ; Smeland et al., 2020 ; Schott, 1931 ; Smith et al., 2015 ; Teng et al., 2018), est-ce que finalement nous ne vivons pas dans un monde où les dominants ont réussi à faire croire aux minorités qu'elles étaient folles et qu'elles souffraient de troubles mentaux, de pathologies qu'il faudrait absolument guérir, rééduquer ou tout simplement supprimer ? Est-ce que comme Veronica Roth (2011) l'a montré dans ses romans (qu'on peut aussi percevoir comme des contes philosophiques), les « divergents » ne menacent-ils pas la paix et l'équilibre de la société ?

La théorie de la neurodiversité s'inscrit donc dans un mouvement nihiliste de rejet de certaines valeurs dominantes, croyances, normes et contraintes sociales. Friedrich Nietzsche écrivait qu'est nihiliste la personne « qui juge que le monde tel qu'il est ne devrait pas être, et que le monde tel qu'il devrait être n'existe pas » (1976, p. 40).

D/ Vers une antipsychiatrie ou un mouvement de dépsychiatrisation ?

En définitive, depuis toujours les individus trop créatifs, trop intelligents, trop émotionnels ou tout simplement trop différents ont toujours été rejetés et considérés comme des personnes ayant des troubles. Ce rejet a souvent entraîné une conformité sociale et culturelle générale qui est philosophiquement très pauvre, mais cette conformité est aussi la cause de la médiocrité de la société (Deneault, 2015) souvent politiquement dirigée par des croyances sans fondement véritable. D'autres personnes, parfois déficientes, avec ou sans talent incroyable sont tout autant stigmatisées et/ou vu comme des parias et des objets de foire. L'ensemble de l'humanité partage pourtant les mêmes gènes et des traits autistiques se retrouvent chez beaucoup de gens (Focquaert & Vanneste, 2015). Les débats concernant la question de la psychopathologie renvoient aujourd'hui à des épisodes peu glorieux de l'Histoire et sont à largement mettre en parallèle avec ceux sur les différences de cerveau entre homme et femme ou même entre blanc et noir. Chaque individu, socialement normal ou anormal, a à apprendre des autres, et c'est la base même de la manière dont nos sociétés ont évolué dans le temps.

1) Un débat ancien et obsolète ?

Paul Schröder, psychiatre, neurologue et professeur d'université allemand (1873-1941) décrit par Hans Asperger (concernant sa vision sur les psychopathologies et les troubles de la personnalité) comme celui qui disait que les personnes avec un trouble « ne sont pas des imbéciles ou des quarts d'imbéciles » (1944, p. 132) écrivait en 1938, à l'aube de la reconnaissance de la psychiatrie infantile, que :

> « L'intérêt médical, pédagogique et sociologique pour les enfants difficiles, anormaux et malades mentaux s'est développé partout rapidement. Le premier Congrès international de pédopsychiatrie, qui se déroula à Paris à la fin du mois de juillet 1937 sous

l'excellente direction de G. Zeuyer, en fut la preuve convaincante (...). En séance de travail à la fin du congrès le nom "psychiatrie infantile" a été critiqué, comme il l'avait déjà été occasionnellement lors des conférences et des présentations, car il semble être devenu courant dans la plupart des pays civilisés aujourd'hui ; il a finalement été laissé tel quel, cependant, essentiellement parce qu'il était tout aussi difficile de se mettre d'accord sur un autre nom. On pourra également s'accommoder du fait que la "psychiatrie" n'est pas, ou pas exclusivement, comprise ici comme la science médicale des maladies mentales et de leur traitement, mais plutôt, dans un sens beaucoup plus large, comme la compréhension médicale et l'aide aux difficultés mentales de toutes sortes. Les orateurs et les conférenciers ainsi que les participants au congrès étaient principalement des médecins ; les questions étaient également essentiellement médicales. Mais le lien étroit avec des cercles beaucoup plus larges, surtout avec les pédagogues, est devenu évident. Pendant les trois jours principaux du congrès à Paris, trois thèmes ont été abordés. Sur chacun d'eux, 10 à 12 orateurs se sont exprimés. Le thème central était : Les méthodes d'éducation en cas de troubles de l'intelligence et du caractère chez les enfants (...). Le sujet principal sépare délibérément les troubles de l'intelligence de ceux du caractère (...). Tramer (Solothurn) croit encore plus que chez les individus intellectuellement faibles, le domaine émotionnel et le caractère sont toujours modifiés et déviés de la norme, le plus souvent aussi le physique, de sorte que ces individus représentent une variation biologique de l'espèce humaine (...). L'esprit et le caractère sont indépendants, dans la mesure où les parties d'un ensemble vivant peuvent être séparés les uns des autres (...). Une capacité inférieure n'a aucune influence sur le caractère (...) et la structure du caractère des personnes moins douées montre la même diversité et la même couleur que celle des personnes bien et très bien douées. Cependant, il ne faut pas le confondre avec le fait que des anomalies flagrantes de caractère peuvent influencer les performances intellectuelles. On parle alors de faiblesse des performances. C'est le cas, par exemple, lorsqu'un fort manque de dynamisme, d'ambition, de sympathie et d'intérêt laisse le potentiel des capacités intellectuelles disponible dans un potentiel inactif, ou offre une résistance passive à l'entraînement (on parle alors de paresse). Dans le même sens, on peut parler de forces de performance, si à l'inverse une forte motivation, de l'ambition, de la sympathie, etc. contribuent à rendre les capacités intellectuelles existantes pleinement utilisables (...). En second lieu, il est tout aussi important de rappeler que l'imbécillité intellectuelle sous sa forme ordinaire (congénitale) n'est pas une maladie. Cela signifie une capacité de compréhension moindre, congénitale ou héritée, tout comme les grands et très grands dons intellectuels représentent un apprentissage que la personne moyenne possède (...). C'est pourquoi il semble futile d'essayer de distinguer entre l'imbécillité et la soi-disant stupidité physiologique, tout comme il est impossible de tracer une ligne entre l'imbécillité et l'idiotie (...). Tout cela s'applique de la même manière à la totalité des anomalies qui ne se situent pas dans le domaine de l'intellect. Pendant longtemps, il a été trompeur de les appeler des psychopathies. Cela s'est produit principalement sous l'influence de médecins ayant une formation psychiatrique, car ils ont été les premiers à s'occuper des personnes en question (adultes comme adolescents). Au début, ils voyaient en eux, en tout ou en grande partie, les mêmes phénomènes que ceux que les fous sous leur observation et leur traitement présentent, mais en plus doux et diversement modifiés. Les psychopathes étaient alors considérés comme des étapes intermédiaires entre la raison et la folie, tant sur le plan clinique que juridique. Nous avons commencé à nous rendre compte que cela est inadmissible dans une large mesure (...). Il est vrai qu'il existe, tant chez les adultes que chez les enfants, des formes légères naissantes ou permanentes des maladies mentales que nous connaissons ; mais il s'agit d'une minorité de plus en plus réduite parmi les personnes appelées "psychopathes", et cela n'inclut pas la grande majorité des enfants qui ont des difficultés scolaires (...). Ce ne sont pas des étapes intermédiaires, ce ne sont pas des transitions vers la folie, elles doivent plutôt être comprises simplement du point de vue caractériologique, et cela en tant que variations de caractère d'une ampleur considérable, en tant qu'êtres humains avec une structure de caractère inhabituelle, extra-moyenne, avec un plus grand éventail de ces différences mentales qui existent entre tous les êtres humains, si nécessaire jusqu'à la monstruosité. Par conséquent, il semble erroné d'essayer de pénétrer dans la compréhension et la symptomatologie de ces enfants en général à partir des rares troubles mentaux infantiles (...). Étant donné l'impossibilité de définir clairement et universellement les termes maladie et pathologie, il faudra laisser à l'individu le soin de considérer au moins les degrés élevés d'anomalies de caractère intrinsèquement conditionnées (et donc aussi les défauts intellectuels très grossiers) comme pathologiques. Mais en principe, il est conseillé de ne pas supposer que tous les enfants anormaux (à l'exception de quelques-uns manifestement malades mentaux ou cérébraux et contrairement à eux) sont malades et doivent être jugés et traités comme tels. Cette affirmation explique également la raison pour laquelle le nom de "pédopsychiatrie" n'a pas voulu trouver son chemin, notamment en Allemagne, c'est pourquoi un lien a été recherché et trouvé ici dès le départ avec l'ancienne "pédagogie curative" pour les faibles d'esprit, les aveugles, les sourds, etc. (...). Le psychiatre et le médecin formé en psychiatrie, sous la pression de devoir faire face aux anomalies de caractère (enfants comme adultes) qui leur sont attribuées de toutes parts, ont dû se créer une théorie pratique du caractère qui leur serait utile. D'un point de vue pratique, il fallait avant tout connaître les différences de caractère de tous les côtés et dans toutes les directions, ainsi que recueillir des expériences sur le degré et les limites de l'influence de chaque côté, c'est-à-dire une caractérologie différentielle pratique, qui devait être à la fois systématique et donc enseignable et apprenable. Mais pour cela, les enfants difficiles à éduquer ont offert au psychiatre un excellent matériel d'enseignement et d'observation, dont le psychologue ne dispose généralement pas et que le pédagogue a toujours aimé transférer au psychiatre. En particulier, les anomalies et les inaccoutumances flagrantes qui, bien que toujours dans le cadre d'une structure globale différente, se répètent encore et encore, ont donné de précieuses indications pour pénétrer dans le mélange de "personnages" qui semble à première vue inextricable. Pour cela, il fallait cependant reconnaître que les traits de ces personnes ne représentent rien de qualitativement nouveau ou pathologique, mais qu'ils signifient simplement des différences de degré par rapport à la grande masse de personnes qui ne sont pas du tout ou peu visibles, même lorsque ces traits vont jusqu'au monstrueux (...). Deuxièmement, cela signifie que les différences qui apparaissent à l'observateur dans le cas d'enfants manifestement anormaux et difficiles à éduquer sont exactement les mêmes, seulement dans la gamme étroite de ce qu'on appelle la norme, qui distingue chaque personne l'une de l'autre. Cette perspicacité, à son tour, permet au travail caractéristique sur les enfants extraordinaires de se développer bien au-delà du champ de la psychologie de la personne moyenne, pour la pédagogie, la sociologie, l'anthropologie appliquée, dans les écoles, l'armée, l'industrie, etc. plus il est facile de reconnaître et d'évaluer les mêmes différences mais plus petites dans la fourchette de la moyenne (...). Les opinions divergent quant à la nature de la personnalité. Pour certains, le caractère d'un être humain est le produit de la formation et du façonnage par la culture et le groupe particulier auquel l'individu appartient ; pour d'autres, le caractère est variable, interchangeable, selon les circonstances ; alors seulement, il est admis (Künkel) que même chez l'enfant, la nature et la disposition peuvent agir dans des directions opposées, de sorte que le résultat de l'éducation peut être exactement le contraire de ce qui est recherché, mais les possibilités pour cela sont très faibles en comparaison avec les possibilités d'influence du groupe. Selon une autre formulation, le concept de caractère inclut, outre le facteur de disposition héréditaire, comme une composante importante, tous les facteurs exogènes, en particulier les résultats de l'éducation et du milieu (Kretschmer) (...). Le terme "caractère" dans l'usage courant, mais aussi, dans une certaine mesure, dans la science, a encore un autre sens essentiellement différent, celui d'un jugement de valeur prononcé : quelqu'un a du caractère, il est plein de caractère, ou il ne l'est pas. Kerschensteiner, par exemple, utilise le terme dans ce sens qui comprend le bon, le fiable, le stable, l'éthique que peu de gens possèdent (...) » (p. 269-274).

Puis Paul Shröder discutait largement de la question du caractère, de la personnalité, mais aussi celle de l'éducation et de la prise en charge de tous les enfants rappelant qu'« Il n'y a pas de "bonne méthode d'éducation" pour tout le monde, il faut toujours chercher le bon chemin pour chaque individu » (p. 288) et c'est l'une chose que les systèmes scolaires n'ont jamais compris ni appliqué depuis la mise en place de l'éducation de masse. Enfin, il met en lumière le fait que

« Le médecin et le pédagogue ne sont pas des adversaires qui doivent se battre entre eux pour les responsabilités ou qui doivent "se mêler des affaires de l'autre", le médecin et le pédagogue sont dépendants l'un de l'autre dans ce travail, chacun dans son propre domaine. Seul un travail commun et un soutien mutuel peuvent permettre d'obtenir un maximum de succès » (p. 291).

Puis quelques années plus tard, Hans Asperger, bien qu'il ne fut pas le premier à décrire l'autisme - Grunya Efimovna Sukhareva l'avait décrit dès 1926 (Manouilenko & Bejerot, 2015) - se posait la question de la valeur sociale des « psychopathes autistes » :

« Dans notre travail, nous nous sommes donnés pour tâche de décrire un état psychopathique qui, à notre connaissance, n'a pas encore été décrit dans l'enfance. Le chapitre suivant va plus loin. La question se pose : que deviendront les enfants autistes ? Cela soulève en même temps la question de la valeur sociale, une question d'une telle importance que nous avons jugé nécessaire de la traiter malgré les limites de notre travail se restreignant à l'autisme dans l'enfance.

Au vu de ce qui a été dit jusqu'à présent, il faut s'attendre à ce qu'une classification sociale de ces personnes soit extrêmement difficile, voire impossible, puisque nous avons souligné que la caractéristique essentielle de cette condition est une incapacité à s'adapter aux exigences de l'environnement. Cette attente n'est toutefois satisfaite que dans de très rares cas, et seulement chez les personnes chez lesquelles, outre les traits autistiques, il existe également une infériorité intellectuelle présumée.

Dans ce dernier cas, cependant, c'est généralement assez triste. Dans le pire des cas, ils occupent un emploi subalterne, souvent erratique, toujours changeant, dans le pire des cas, ils errent dans les rues comme de drôles d'originaux, grotesquement négligés, se parlant à eux-mêmes, parlant aux gens à la manière des autistes, objet de moquerie pour tous les gamins des rues, réagissant à cela en s'en prenant - sans succès - à leurs bourreaux.

Mais c'est différent pour les personnes intellectuellement intactes, en particulier, bien sûr, pour les psychopathes autistes intelligents, dont l'intelligence est supérieure à la moyenne. Certes, les adultes ont aussi les mêmes troubles de relations avec les autres qui conduisent aux conflits caractéristiques chez les enfants. Si une ancienne définition décrit les psychopathes comme des personnes qui souffrent d'elles-mêmes et dont l'environnement souffre, la deuxième partie de la phrase s'applique certainement aux autistes : mais qu'ils souffrent d'eux-mêmes, on peut difficilement juger chez ces personnes si difficiles à comprendre, dont la vie émotionnelle est si différente, qui sont si difficiles à pénétrer. Si donc, comme on pouvait s'y attendre au vu du comportement des enfants autistes, ces personnes ne sont pas faciles à vivre, surtout pour les proches, surtout pour les conjoints, le jugement porté sur elles devient tout autre lorsque l'on considère leurs performances professionnelles.

Dans la grande majorité des cas, en effet, ils obtiennent une bonne performance professionnelle et donc une position sociale, souvent dans des professions de haut niveau, souvent de manière si remarquable qu'il faut en conclure que personne d'autre que ces personnes autistes n'est capable de telles réalisations. C'est comme si on leur donnait des capacités spéciales dans une sorte d'hypertrophie compensatoire pour compenser leurs défauts considérables. L'imperturbabilité et le pouvoir de pénétration qui résident dans l'activité "spontanée" de l'autiste, l'enfermement dans des domaines individuels de la vie, dans un intérêt particulier isolé - cela s'avère ici être une valeur positive qui permet à ces personnes d'obtenir des résultats particuliers dans leur domaine. En particulier dans le cas des autistes, nous constatons - avec plus de clarté que dans le cas des personnes "normales" - qu'ils semblent prédestinés à une certaine profession dès leur plus jeune âge, et que cette profession se développe fatalement à partir de leurs prédispositions particulières.

Laissez-moi vous donner un exemple. Nous avons suivi pendant près de trois décennies la vie d'un garçon et d'un jeune homme qui a montré dans tout son comportement l'image distincte de l'autiste-psychopathe. De l'enfance à l'âge adulte, il a eu un comportement autistique. C'était comme s'il ne faisait pas attention aux autres, si bien qu'il se laissait distraire, ne reconnaissant souvent pas ses plus proches connaissances. De même qu'il était particulièrement maladroit dans ses capacités motrices (il avait toutes les difficultés décrites plus haut dans l'apprentissage des nécessités quotidiennes), il est resté maladroit et inadapté dans son comportement (même jeune homme, on pouvait le voir dans le tramway se curer le nez avec dévouement et persévérance !). À l'école, il y avait toujours de grandes difficultés, il apprenait ou n'apprenait pas comme il l'entendait. Il était linguistiquement très peu doué, en grec on dit qu'il n'a guère dépassé les rudiments du lycée - il avait toujours su se débrouiller en se basant sur ses autres capacités. Déjà dans sa petite enfance, cette personne a fait preuve d'un talent mathématique très inhabituel, qui a spontanément jailli de lui.

En interrogeant perpétuellement les adultes, il a acquis les connaissances nécessaires auprès d'eux, qu'il a ensuite traitées entièrement par lui-même. Ainsi, la scène suivante est rapportée à partir de sa troisième (!) année de vie. Un jour, la conversation avait atteint son point culminant. La mère a dû lui dessiner un triangle, un carré et un pentagramme dans le sable. Puis il a pris le bâton lui-même, a tracé une ligne et a dit "C'est un deux-angles, n'est-ce pas" : "Et ça, c'est un un-angle ?". -- Tout le jeu, tout l'intérêt du garçon était dirigé vers le sujet des mathématiques. Avant de commencer l'école, il pouvait déjà dessiner des racines cubiques. On souligne à maintes reprises que les parents n'ont pas pensé à enseigner à l'enfant des compétences mathématiques qui n'étaient pas comprises, mais que le garçon s'est forcé à faire de l'arithmétique, même contre la résistance de ses professeurs. Au gymnase, il surprend ses professeurs par ses connaissances mathématiques particulières, qui pénètrent dans les domaines les plus abstraits, et auxquelles il doit le fait que, malgré son comportement souvent peu pratique et ses échecs dans d'autres matières, il a réussi à entrer à l'université sans redoubler au préalable. Peu de temps après avoir commencé ses études universitaires - il avait choisi l'astronomie théorique comme matière - il a enquêté sur une erreur dans les calculs de Newton. Son tuteur lui a conseillé de faire de cette découverte la base de sa thèse. Dès le début, il était clair qu'il était destiné à se consacrer à la carrière universitaire. En un temps exceptionnellement court, il devient assistant dans un institut universitaire d'astronomie et obtient son habilitation.

Ce parcours de vie n'est en aucun cas exceptionnel. À notre propre étonnement, nous avons constaté que les psychopathes autistes, à condition qu'ils soient intellectuellement intacts, réussissent dans presque tous les cas à adopter une attitude professionnelle, la plupart d'entre eux étant résolument intellos, hautement spécialisés, et souvent dans un excellent poste avec une préférence pour les connaissances abstraites. Nous en trouvons un grand nombre dont la profession est déterminée par leur capacité mathématique - outre les "mathématiciens purs", les technologues, les chimistes, également les hauts fonctionnaires -, nous trouvons souvent des professions spéciales inhabituelles et hors du commun, par exemple un spécialiste héraldique dont on dit qu'il fait autorité dans ce domaine, même certains enfants que nous avons observés sont devenus des musiciens reconnus. Le fait presque étonnant que des enfants aussi difficiles et anormaux puissent finalement atteindre une intégration sociale tolérable, voire exceptionnelle, semble, à la réflexion, explicable.

Une bonne attitude professionnelle implique une détermination et signifie un abandon d'autres intérêts - ce qui est ressenti par beaucoup comme très angoissant - certains jeunes échouent dans le choix d'une profession parce que, tout aussi doués qu'ils soient dans des domaines différents, ils ne peuvent jamais prendre de décision, ne font jamais appel à l'obstination nécessaire dirigée sur une seule direction professionnelle.

Dans le cas des psychopathes autistes, cependant, on a l'impression qu'ils suivent leur chemin avec une énergie accumulée et une confiance en eux - avec des œillères contre les difficultés réelles de la vie - auxquelles ils semblent habituellement avoir été destinés depuis l'enfance en raison de leur situation.

Chez ces personnes aussi, l'adage se vérifie : c'est-à-dire que pour chaque caractère, les avantages et les défauts proviennent des mêmes traits, et le positif et le négatif sont les deux côtés d'une même pièce et ne peuvent pas être séparés l'un de l'autre, on ne peut jamais seulement accepter le positif et rejeter le négatif.

Nous constatons que même les autistes ont leur place dans l'organisme d'une communauté sociale, qu'ils remplissent leur rôle, certains d'une manière que personne d'autre ne pourrait le faire - et ce sont souvent les enfants qui causent à leurs éducateurs les plus grandes difficultés et les plus grands soucis.

C'est précisément avec de telles personnes qu'il devient évident de voir que même les personnalités anormales peuvent être capables de se développer et de s'adapter, et qu'il arrive souvent que des possibilités d'intégration sociale apparaissent au cours du développement alors que l'on ne les aurait pas soupçonnées auparavant. Ce fait détermine notre attitude et notre jugement de valeur envers les personnes difficiles de ce type et d'autres types, et nous donne le droit et le devoir de nous engager envers elles avec toute notre personnalité, car nous croyons que seul l'engagement total d'un éducateur aimant peut réussir avec des personnes aussi difficiles » (1944, p. 132-135) ».

Ces articles publiés il y a près de 80 ans exposaient donc déjà le problème de la sur-pathologisation de la différence. Les choses ont-elle changé depuis ? Oui, mais dans quelle direction ?

<u>2) Un débat actuel et absurde ?</u>

Voici ce qu'écrivait Robert Plomin, psychologue et généticien américain, 71ème des 100 psychologues les plus influents du 20ème siècle (Haggbloom et al., 2002), en 2018 à l'âge de l'avènement des neurosciences et de la génétique dans un chapitre intitulé « Anormal est normal » :

« Bien que les problèmes soient réels, la question que ce chapitre aborde est que les problèmes psychologiques sont diagnostiqués comme s'il s'agissait de maladies que vous avez ou n'avez pas. Cet état d'esprit d'alternative signifie que les scientifiques ont essayé de rechercher la cause du trouble, quelque chose qui nous différencie d'eux. Ce point de vue est profondément ancré dans la psychiatrie, qui suit le modèle médical de la maladie, en traitant les troubles mentaux comme s'il s'agissait d'une maladie physique, comme une infection, dont la cause est simple et unique.

La recherche génétique montre que le modèle médical est totalement erroné lorsqu'il s'agit de problèmes psychologiques. Ce que nous appelons les troubles ne sont que les extrêmes des mêmes gènes qui fonctionnent dans la distribution normale. Il n'y a donc pas de gènes "pour" un quelconque trouble psychologique. Au contraire, nous avons tous de nombreuses différences d'ADN qui sont liées à des troubles. La question essentielle est de savoir combien nous en avons. Le spectre génétique va de quelques-uns à beaucoup, et plus nous en avons, plus nous risquons d'avoir des problèmes. En d'autres termes, les causes génétiques de ce que nous appelons les troubles sont quantitativement, et non qualitativement, différentes de celles du reste de la population. C'est une question de plus ou moins (quantitatif) et non pas d'un ou l'autre (qualitatif). Cela peut sembler être une question académique obscure, mais cette découverte est en train de changer complètement la psychologie clinique et la psychiatrie, surtout avec la révolution de l'ADN. Cela signifie qu'il n'y a pas de troubles - ce ne sont que les extrêmes des dimensions quantitatives. C'est ce que signifie le slogan "L'anormal est normal" (...). Par exemple, les troubles de la lecture diagnostiqués peuvent être comparés aux mesures dimensionnelles de la capacité de lecture, qui évaluent quantitativement la lecture des mauvais lecteurs aux bons lecteurs. Les troubles de la lecture sont un diagnostic de problèmes de lecture qui est assimilé à un "vrai" trouble médical par le fait qu'il est désigné par le nom grec de dyslexie. La médicalisation des problèmes psychologiques est typique - par exemple, les problèmes d'apprentissage de l'arithmétique reçoivent un diagnostic de dyscalculie, et les problèmes d'attention sont appelés trouble déficitaire de l'attention avec hyperactivité ou hyperkinésie (...). Cette recherche indique que les mêmes gènes sont responsables des déficiences de lecture et de la capacité de lecture. Des résultats similaires ont été trouvés pour d'autres troubles psychologiques, ce qui suggère qu'il n'existe pas de gènes pour les troubles psychologiques - ce sont les mêmes gènes responsables de l'héritabilité dans toute la distribution normale, des quelques personnes à très faible risque génétique aux nombreuses personnes à risque génétique moyen, en passant par les quelques personnes à risque génétique très élevé. Des preuves de ce type indiquent que ce que nous appelons les troubles ne sont que l'extrême quantitatif des mêmes effets génétiques qui opèrent dans toute la distribution. En d'autres termes, nous avons tous des différences d'ADN associées à la qualité de notre lecture. La qualité de notre lecture dépend du nombre de ces variantes d'ADN dont nous héritons. D'un point de vue génétique, les troubles anormaux sont l'extrême des dimensions normales. Comme nous le verrons plus tard, cette nouvelle vision de l'anormal comme étant normal change tout dans la psychologie clinique, du diagnostic au traitement (...).

Ce type de découverte a été maintes fois mis en évidence dans d'autres recherches sur les troubles de l'ADN. Les gènes identifiés à l'origine parce qu'ils sont associés à un trouble commun s'avèrent être associés à une variation normale tout au long de la distribution. Il existe un continuum d'influence génétique d'un extrême à l'autre. En d'autres termes, comme nous trouvons des gènes associés aux troubles de la lecture, ces différences d'ADN ne seront pas "pour" les troubles de la lecture. Elles seront liées à l'ensemble de la distribution des capacités de lecture. Ces différences d'ADN feront que les bons lecteurs liront un peu moins bien que d'autres bons lecteurs sans ces variantes génétiques. Inversement, comme nous trouvons des gènes associés à la capacité de lecture, ces mêmes gènes permettront de prédire les problèmes de lecture. Lorsque nous parlons de génétique, il est facile de se glisser dans une réflexion sur le gène pour ceci et le gène pour cela. J'appelle cela l'hypothèse OGOD, pour "un gène, un trouble", ce qui est trompeur. Notre espèce compte des milliers de maladies monogéniques, mais elles sont rares. En revanche, les troubles courants, y compris tous les troubles psychologiques, ne sont pas causés par un seul gène. Une maladie monogénique signifie qu'une seule mutation est nécessaire et suffisante pour la maladie. Par exemple, la maladie de Huntington est une maladie monogénique qui endommage certaines cellules nerveuses du cerveau (...). Dans le cas d'une maladie monogénique comme la maladie de Huntington, l'effet génétique est qualitatif et non quantitatif. Dans ce cas, vous pouvez parler d'un gène "pour" la maladie. Mais même s'il existe des milliers de maladies monogéniques, elles sont toutes rares. Aucune cause monogénique de troubles psychologiques courants n'a été trouvée (...). L'architecture génétique des troubles psychologiques est à l'opposé de l'hypothèse des OGOD. La grande héritabilité des troubles psychologiques est causée par de nombreuses différences d'ADN, chacune ayant de petits effets. Aucune de ces différences d'ADN n'est nécessaire ou suffisante pour développer un trouble. La découverte de nombreux effets génétiques aussi faibles signifie qu'ils doivent être répartis quantitativement selon une courbe normale en forme de cloche. Pour un trouble particulier, la dépression par exemple, supposons que l'on trouve 1 000 différences d'ADN entre des cas de dépression et des groupes témoins non déprimés. Ces différences d'ADN ne sont pas exclusives aux personnes chez qui on a diagnostiqué une dépression. Dans la population, une personne moyenne peut présenter 500 de ces 1 000 différences d'ADN causant une dépression. Ces personnes auront un risque génétique moyen de dépression. Certaines personnes présentant peu de ces différences d'ADN auront un risque de dépression inférieur à la moyenne. Et les personnes présentant un nombre de ces différences d'ADN supérieur à la moyenne sont plus susceptibles d'être déprimées. C'est exactement la façon dont l'influence génétique fonctionne pour tous les troubles courants (...). Ces scores polygéniques permettent de prédire si une personne est diagnostiquée comme déprimée ou non, uniquement parce que ces personnes se trouvent à l'extrême de la distribution normale du risque génétique. L'anormal est normal dans le sens où nous avons tous de nombreuses différences d'ADN qui contribuent à l'héritabilité de tout trouble psychologique. Que nous atteignions ou non un seuil de diagnostic arbitraire dépend du nombre de ces différences d'ADN que nous avons.

Cette recherche génétique mène à une conclusion capitale : il n'y a pas de troubles qualitatifs, seulement des dimensions quantitatives - Les problèmes psychologiques comme la dépression, la dépendance à l'alcool et les difficultés de lecture sont graves. Plus le problème est extrême, plus il est susceptible d'affecter l'individu, sa famille et la société. Mais comme le risque génétique est continu, il n'est pas logique d'essayer de décider si quelqu'un "souffre" ou non de ce trouble. Il n'y a pas de trouble, seulement des dimensions quantitatives extrêmes. Les gens ne sont pas tous déprimés, ne consomment pas tous la même quantité d'alcool et ne savent pas tous lire, mais ces problèmes font partie de la distribution normale. Un changement de vocabulaire est nécessaire pour que nous parlions de "dimensions" plutôt que de "troubles". Une autre implication importante de la constatation "anormal est normal". C'est que nous ne pouvons pas guérir un trouble parce qu'il n'y a pas de trouble. Le succès du traitement doit être considéré quantitativement, comme le degré d'atténuation d'un problème (...). Cette vision de ce que nous appelons l'anormal dans le cadre de la distribution normale des différences est déjà en train de changer notre façon de penser la santé et la maladie mentale. Dans le dernier manuel de diagnostic de la psychopathologie, cette tendance se traduit par le changement de nom de certains troubles en "spectres", ce qui est un autre mot pour désigner les dimensions. La schizophrénie est désormais un trouble du spectre de la schizophrénie ; l'autisme est un trouble du spectre autistique. C'est pourquoi les gens appellent maintenant quelqu'un "du spectre", qu'il le soit ou non. C'est un clin d'œil à une approche quantitative dimensionnelle.

Le point de vue "normal est anormal" est beaucoup plus radical. Nous ne nous contentons pas de concéder un peu d'espace gris entre le comportement normal et les troubles diagnostiqués comme la schizophrénie et l'autisme, mais nous créons une autre catégorie de diagnostic appelée "trouble du spectre". Nous disons que la distinction entre normal et anormal est artificielle. L'anormal est normal. La notion d'anormal par rapport à la normale étant si profondément ancrée et si difficile à échapper, un autre exemple est justifié. Celui-ci est facétieux, mais il va au cœur du problème. Imaginez que nous découvrions un nouveau trouble, le gigantisme. Ce trouble, que nous diagnostiquerons sur la base d'une taille supérieure à 196 cm, a une fréquence de 1 pour cent. Les différences d'ADN qui s'avèrent être associées au gigantisme seront également associées à des différences individuelles de taille tout au long de la distribution - pour les personnes de petite taille comme pour celles de grande taille. Le fait est que la taille et sa base génétique sont parfaitement distribuées normalement. Il n'y a rien d'anormal, juste la distribution normale avec ses extrêmes normaux. Il ne serait pas utile de créer une autre catégorie de diagnostic de "presque un géant". Pourquoi créer un trouble du gigantisme alors que la taille est si clairement un trait continu ? Cela n'a pas de sens. Je dirais qu'il est tout aussi absurde de créer des troubles distincts pour n'importe quel problème - physique, physiologique ou psychologique. Ce ne sont que les extrêmes quantitatifs de traits continus (...). Les problèmes d'hyperactivité peuvent être évalués comme une dimension allant de peu à beaucoup d'activité. Le trouble dépressif est à l'extrême d'une dimension de l'humeur. Bien que certains problèmes tels que la schizophrénie et l'autisme présentent des symptômes si graves qu'ils semblent hors de la distribution normale, si nous acceptons que nous avons tous parfois des troubles de la pensée, nous pouvons évaluer ces symptômes quantitativement, si nous cessons d'être obsédés par le diagnostic du trouble. De la même manière, nous pouvons évaluer quantitativement les symptômes autistiques tels que les problèmes de relations sociales et de communication (...). L'implication la plus générale de cette vision de l'anormal comme étant normal est qu'il n'y a pas de "nous" contre "eux". Nous avons tous des différences d'ADN qui affectent notre risque de problèmes psychologiques. Plus nous avons de telles différences d'ADN, plus nous risquons d'avoir des problèmes. Tout est quantitatif - c'est une question de plus ou moins (2018, p. 58-65) ».

En outre, selon la professeure Floortje Scheepers, psychiatre (enfant et adolescent), cheffe du département de psychiatrie au centre médical universitaire d'Utrecht et responsable de la chaire Innovation en santé mentale, interviewée à la veille de la sortie de son « plaidoyer pour l'acceptation de la réalité et l'abandon de la pensée modèle » (2021)[59] :

> « La psychiatrie essaie de catégoriser et d'étiqueter les patients. Mais les humains sont trop compliqués pour cela. (...) Une compréhension claire des troubles mentaux n'est tout simplement pas possible. (...) Les troubles du développement tels que le TDAH (trouble déficitaire de l'attention avec ou sans hyperactivité) et le TSA (trouble du spectre autistique) concernent principalement la prédisposition et les caractéristiques. Je les vois comme des variations du type de personne. Vous avez des gens très maladroits socialement et vous avez des gens super sociaux. Vous avez des gens très concentrés et des gens constamment distraits. Si vous partez d'une distribution statistique des traits, vous pouvez considérer que les personnes aux extrêmes du spectre sont en difficulté. Ils ont parfois besoin de conseils et de soutien supplémentaires ».

Puis elle ajoute :

> « N'est-ce pas terrible que les gens se sentent reconnus ou pris au sérieux uniquement s'ils peuvent apposer une étiquette sur leurs plaintes ? (...) J'essaie d'expliquer à mes élèves qu'un ordinateur peut cocher des listes et déterminer des scores beaucoup mieux

---

[59] *Trouw. (2021). Interview Floortje Scheepers 'Mensen zijn ingewikkeld, dus stap af van de labels in de GGZ'. https://www.trouw.nl/wetenschap/mensen-zijn-ingewikkeld-dus-stap-af-van-de-labels-in-de-ggz~b22f963a/*

qu'eux-mêmes pour déterminer si quelqu'un a ou non un soi-disant trouble. Les travailleurs sociaux sont là pour faire la conversation. Les lignes directrices sont basées sur des groupes de normes, et un patient seul s'en écarte toujours. Les prestataires de soins sont là pour voir l'ampleur de l'écart par rapport à cette norme, et ce qui est important et a un sens pour cette personne (...). Il est désormais possible de publier une vision et une approche différentes dans de bonnes revues scientifiques. C'était impensable il y a dix ans. Et les petites initiatives sont inspirantes et motivantes pour les autres. En fin de compte, nous devrons également inclure la société dans cette manière différente de penser. (...) Continuez avec la recherche biologique, mais ne suggérez pas que vous comprenez les humains. (...) Les neuroscientifiques doivent être modestes quant à l'impact de cette minuscule pièce de puzzle sur le grand et complexe tout. Cette modestie fait trop souvent défaut. Il existe de nombreux livres sur le cerveau qui prétendent expliquer le comportement et qui ignorent complètement la complexité de ce comportement. Ils créent de fausses attentes ».

Ainsi, l'une des questions qui se posent aujourd'hui est : à quel moment ce qui est aujourd'hui considéré comme un « trouble neuro-développemental » dans le DSM en sera exclu ?

Dans la conception médicale et psychiatrique actuelle, les différences génétiques et neurologiques sont scientifiquement et socialement pathologisées et la nouvelle nomenclature de l'Institut National des Maladies Mentales qui sera basée sur des critères neurologiques et génétiques ne sera finalement que l'autre face de cette pratique. Les plus optimistes (ou naïfs) pourront espérer qu'un jour cette exclusion aura lieu, et que le temps des discours de « guérison » et d'« éducation » prendront fin, mais il ne faudrait pas sous-estimer le manque de rationalité ambiant, autant chez le grand public, que dans les domaines de la politique et de la science.

En outre, le « mouvement antipsychiatrique » est souvent

invoqué et instrumentalisé par des groupuscules New Age, obscurantistes et pseudo-scientifiques (scientologie, psychanalyse et autres sectes en tout genre) et il n'est absolument pas question de cela ici. Enfin, certains centres et pratiques New Age proposent aussi de faire des bilans urinaires de neurotransmetteurs pour diagnostiquer le TDAH par exemple, si l'idée est séduisante, elle est tout autant ridicule d'un point de vue scientifique.

CONCLUSION

Dès lors, de nombreux constats, questions et perspectives apparaissent :

- La question sociale et médicale :

Cet appel à la réflexion et à une reconfiguration sociale, culturelle et scientifique n'est pas un encouragement à l'arrêt des traitements, prises en charge et abandon des aménagements pour les personnes qui en ont besoin. Le changement de paradigme scientifique ne provoquera(it) de toute façon pas un changement instantané de société. D'autant plus que la « souffrance » n'est pas le monopole de la différence. Tout le monde souffre, tout le temps, depuis toujours.

- La question de la discrimination générale des minorités :

Si l'autisme est sur-représenté dans les exemples de ce livre, c'est avant tout car c'est la thématique sur laquelle il semblerait y avoir le plus de littérature scientifique (notamment dans le cadre de la neurodiversité), mais c'est aussi car c'est un sujet qui a été vulgarisé pour le grand public[60] et dont la question a aussi été étudiée et popularisée par des chercheurs, journalistes et/ou écrivains (Dachez, 2018 ; Silberman, 2015). Mais le problème se pose dans les mêmes termes a minima pour la question de l'hyperactivité, de la schizophrénie, de la bipolarité ou encore des dys, mais aussi de toutes les minorités stigmatisées ou les dominés en général qui se retrouvent « handicapés » (dans le sens de défavorisés, de désavantagés, de restreints) en raison de normes socio-culturelles. D'autant plus que les représentations culturelles (films et séries) sont toutes complètement clichées et souvent assez peu réalistes.

Ce qu'il est en train de se passer au niveau des fameux « troubles » est la même chose qu'il s'est produit pour les femmes qu'on voulait obliger à se conformer au patriarcat, pour les pauvres qui doivent se conformer au libéralisme économique qui les écrasent, les noirs, les asiatiques et les arabes qui doivent faire face à des sociétés occidentales entièrement stigmatisantes et violentes contre eux mais aussi pour toutes les minorités religieuses ou sexuelles et de genre dans le monde d'aujourd'hui et d'hier. Toutes et tous doivent se battre (parfois au sens propre) encore et encore car les personnes détenant le pouvoir agissent de manière stupide et/ou égoïste et/ou irrationnelle.

À l'heure actuelle, la schizophrénie, la dyslexie et la

---

[60] *Dachez, J. (2018, décembre). Can you imagine a world where you are the minority? [Video file]. https://www.youtube.com/watch?v=P7QX-eUiI1s&list=PLh3p5g8jABl8fkLbigIQqyK1rkyOIpl5z&index=12*

bipolarité ne sont pas encore officiellement et unanimement reconnues comme « trouble neuro-développemental » mais de nombreuses études et recherches amènent à penser que ce sera le cas tôt ou tard, à l'instar de ce qui s'est produit pour l'autisme et le TDAH.

- La question de l'eugénisme et du lissage génétique :

La diversité génétique et neurologique (ou les « dimensions » comme les appellent Robert Plomin) est une richesse due au hasard et une force pour notre espèce, et toute volonté, tout essai d'uniformisation comporte des risques dont on ne connaît pas les conséquences possibles. Chercher à « guérir », à « lisser » l'espèce revient finalement à supprimer toute possibilité d'évolution. La question de l'eugénisme est centrale et l'appauvrissement artificiel de notre patrimoine génétique commun dans l'objectif de supprimer les divergents (qu'ils soient plus rationnels, plus intelligents, plus créatifs ou non) ou les déficients fait aussi courir le risque de supprimer les futurs inventeurs, scientifiques, poètes, musiciens, illustrateurs... et nous ramène à de tristes époques mais aussi à des films et livres dystopiques qu'on voudrait tous éviter de vivre un jour. La diversité culturelle, sociale, langagière, des traditions, génétique est une richesse non mesurable pour notre monde, et les discours mielleux d'inclusion ne sont qu'une manière de cacher l'exclusion générale[61].

---

[61] *Youtube. (2021). Avez-vous déjà vu ? Un nouveau venu au pays des Toupoutous. https://www.youtube.com/watch?v=ctCrNFmVOHQ*

- La question de la coexistence et de l'intégration et de faire société :

De la même manière qu'on ne peut pas totalement dissocier efficience/déficience intellectuelle du QI on ne peut pas totalement dissocier la créativité de la neurodiversité. Nous devons accepter l'obligation de tous coexister ensemble (sans discrimination, sans moquerie, sans harcèlement... et dans les deux sens) et ne pas se retrouver dans une situation ou un rôle stigmatisé (à l'instar des Sang-de-bourbe, des X-men, des na'vis...) même si c'est ce qu'il s'est toujours produit et que les humains, ceux qui ont le pouvoir, font toujours la même chose : ils arrivent quelque part, ils trient, classent, brûlent, détruisent, asservissent et essaient de prouver par tous les moyens que ces personnes différentes sont inférieures. C'est typiquement ce qu'il s'est produit dans toute l'histoire coloniale occidentale mais aussi dans l'histoire de beaucoup de religions (et de systèmes politiques) vis-à-vis des femmes. La volonté et la tendance à l'asservissement et/ou à la destruction de ce qui n'est pas dans la norme est presque devenue pathologique dans notre Histoire. On ne peut plus continuer à vouloir faire le tri dans une posture capacitiste où les « normaux » voudraient forcer les « anormaux » à se conformer, ou pire, ils voudraient les voir disparaître. Nous ne pouvons pas non plus trier les individus selon leur valeur économique ou sociale, nous faisons société seulement parce que nous sommes tous interdépendants et que nous prenons soin les uns des autres (même de manière indirecte).

De véritables questions de société se posent quand nous ne sommes pas capables d'intégrer les personnes visiblement différentes (avec un fauteuil roulant par exemple) alors comment faire pour intégrer celles dont on ne voit pas les différences ? Il semblerait que nous allions droit vers un véritable choc intra-espèce (au sein de l'humanité) dans le cas où rien ne changerait et où des minorités, de plus en plus visibles, toutes autant humaines et légitimes à faire partie de ce monde sont toujours aussi peu socialement et culturellement intégrées (cela comprend autant la question scolaire et universitaire que le monde professionnel, le milieu médical et les questions de l'urbanisme, de l'architecture et du design des villes, bâtiments, transports et services publics a minima). Ainsi, un mouvement de dépathologisation semble nécessaire car beaucoup de différences et difficultés ne sont pas causées par le cerveau en lui-même mais par un environnement créé et organisé par et pour la majorité (on peut ici faire le parallèle avec les questions de l'inclusion et de l'exclusion des femmes dans l'espace public comme par exemple la nuit où leur sécurité n'est pas garantie).

- La question scientifique et philosophique :

Les questions de la réécriture de la norme sociale mais aussi de la norme scientifique se posent. Il apparaît que malgré les langues communes, les politiques communes, les cultures communes... des perceptions, des visions, des consciences, des cognitions différentes existent et il s'agit en quelque sorte d'une révolution symbolique à opérer. Les différentes cognitions et différents fonctionnements biologiques doivent être considérés comme normaux et être intégrés dans le spectre de la normalité de la génétique, de la neurobiologie et de la psychologie cognitive (à l'instar de ce qu'il se passe au niveau des langues, elles font toutes partie de la normalité, il n'y a pas de langage « pathologique » quand bien même le langage forme les différentes manières dont nous pensons tous[62]) et non plus à part dans les psychopathologies et la psychiatrie, même si certains plaident pour la création d'une branche à part de la neurobiologie (Abrahams & Geschwind, 2008). Ainsi, une métaphore serait de dire que tous les êtres humains parlent la même langue (une cognition de base semblable) mais avec une grammaire différente (des différences génétiques et neurologiques).

Il semble aussi dans un même temps indispensable et essentiel de revoir l'ensemble des systèmes éducatifs et professionnels de fond en comble. Pour le moment, la voie empruntée est celle de la création de nouvelles étiquettes (stigmatisantes ou valorisantes), de l'eugénisme et du darwinisme social, de la conformation, de la pathologisation et de la normalisation dans un monde où la quasi-majorité des règles sont absurdes, injustes et irrationnelles.

La question centrale de ce livre est ici : qui sont les anormaux ? Ceux qui étiquettent, stigmatisent et pathologisent la différence ou ceux qui n'arrivent pas à s'insérer et s'adapter à des normes socio-culturelles aberrantes et excluantes ? Aujourd'hui, il appartient alors peut-être aux « anormaux » et aux dominés

---

[62] *Boroditsky, L. (2018, november). How language shapes the way we think [Video file].*
https://www.ted.com/talks/lera_boroditsky_how_language_shapes_the_way_we_think/transcript

d'inventer un monde que les normaux et les dominants n'ont pas été capables de mettre en place et ne souhaitent visiblement pas et absolument pas mettre en place.

QUI SONT VRAIMENT LES ANORMAUX ?

BIBLIOGRAPHIE

Abraham, A. (2018). The Neuroscience of Creativity. Cambridge University Press.

Abrahams, B. S., & Geschwind, D. H. (2008). Advances in autism genetics: on the threshold of a new neurobiology. Nature reviews. Genetics, 9(5), 341–355. https://doi.org/10.1038/nrg2346

Akiskal, H. S., & Akiskal, K. K. (2007). In search of Aristotle: temperament, human nature, melancholia, creativity and eminence. Journal of affective disorders, 100(1-3), 1–6. https://doi.org/10.1016/j.jad.2007.04.013

Alamian, G., Hincapié, A.-S., Combrisson, E., Thiery, T., Martel, V., Althukov, D., & Jerbi, K. (2017). Alterations of Intrinsic Brain Connectivity Patterns in Depression and Bipolar Disorders: A Critical Assessment of Magnetoencephalography-Based Evidence.

Frontiers in Psychiatry, 8, 41. https://doi.org/10.3389/fpsyt.2017.00041

Alexander, J., Potamianou, H., Xing, J., Deng, L., Karagiannidis, I., Tsetsos, F., Drineas, P., Tarnok, Z., Rizzo, R., Wolanczyk, T., Farkas, L., Nagy, P., Szymanska, U., Androutsos, C., Tsironi, V., Koumoula, A., Barta, C., Sandor, P., Barr, C. L., … Georgitsi, M. (2016). Targeted Re-Sequencing Approach of Candidate Genes Implicates Rare Potentially Functional Variants in Tourette Syndrome Etiology. Frontiers in Neuroscience, 10. https://doi.org/10.3389/fnins.2016.00428

Ament, S. A., Szelinger, S., Glusman, G., Ashworth, J., Hou, L., Akula, N., Shekhtman, T., Badner, J. A., Brunkow, M. E., Mauldin, D. E., Stittrich, A.-B., Rouleau, K., Detera-Wadleigh, S. D., Nurnberger, J. I., Edenberg, H. J., Gershon, E. S., Schork, N., Study, T. B. G., Price, N. D., … Roach, J. C. (2015). Rare variants in neuronal excitability genes influence risk for bipolar disorder. Proceedings of the National Academy of Sciences, 112(11), 3576-3581. https://doi.org/10.1073/pnas.1424958112

American Psychiatric Association. (1983). DSM-III, Manuel diagnostique et statistique des troubles mentaux. Masson

American Psychiatric Association. (1996). DSM-IV, Manuel diagnostique et statistique des troubles mentaux. Masson

American Psychiatric Association. (2015). DSM-5, Manuel diagnostique et statistique des troubles mentaux. Elsevier-Masson.

Anstee, Q. M., Knapp, S., Maguire, E. P., Hosie, A. M., Thomas, P., Mortensen, M., Bhome, R., Martinez, A., Walker, S. E., Dixon, C. I., Ruparelia, K., Montagnese, S., Kuo, Y. T., Herlihy, A. H., Bell, J. D., Robinson, I., Guerrini, I., McQuillin, A., Fisher, E. M. C., … Thomas, H. C. (2013). Mutations in the GABRB1 gene promote alcohol consumption through increased tonic inhibition. Nature Communications, 4, 2816. https://doi.org/10.1038/ncomms3816

Arendt, H. (1972). La crise de la culture, huit exercices de pensée politique. Gallimard.

Arshad, M., & Fitzgerald, M. (2004). Did Michelangelo (1475–1564) have High-Functioning Autism? Journal of Medical Biography, 12(2), 115-120. https://doi.org/10.1177/096777200401200212

Ashoori, A., & Jankovic, J. (2007). Mozart's movements and behaviour: A case of Tourette's syndrome? Journal of Neurology, Neurosurgery, and Psychiatry, 78(11), 1171-1175. https://doi.org/10.1136/jnnp.2007.114520

Asperger, H. (1944). Die 'Autistischen Psychopathen' im Kindesalter. Archiv für Psychiatrie und Nervenkrankheiten, 117, 76-136. https://doi.org/10.1007/BF01837709

Attwood, T. (2010). Le Syndrome d'Asperger. De Boeck.

Azzam, A. A. A., Bahgat, D. M. R., Shahin, R. M. H., & Nasralla, R. M. A. (2018). Association study between polymorphisms of dopamine transporter gene (SLC6A3), dopamine D1 receptor gene (DRD1), and autism. Journal of Medicine in Scientific Research, 1(1), 59. https://doi.org/10.4103/JMISR.JMISR_8_18

Bacchelli, E., Battaglia, A., Cameli, C., Lomartire, S., Tancredi, R., Thomson, S., Sutcliffe, J. S., & Maestrini, E. (2015). Analysis of CHRNA7 rare variants in autism spectrum disorder susceptibility. American Journal of Medical Genetics. Part A, 167A(4), 715-723. https://doi.org/10.1002/ajmg.a.36847

Bachtold, L. M. (1978). Speculation on a theory of creativity: A physiological basis. Perceptual and Motor Skills, 50(3, Pt 1), 699–702. https://doi.org/10.2466/pms.1980.50.3.699

Baehne, C. G., Ehlis, A.-C., Plichta, M. M., Conzelmann, A., Pauli, P., Jacob, C., Gutknecht, L., Lesch, K.-P., & Fallgatter, A. J. (2009). Tph2 gene variants modulate response control processes in adult ADHD patients and healthy individuals. Molecular Psychiatry, 14(11), 1032-1039. https://doi.org/10.1038/mp.2008.39

Bakermans-Kranenburg, M. J., van IJzendoorn, M. H., Caspers, K., & Philibert, R. (2011). DRD4 genotype moderates the impact of parental problems on unresolved loss or trauma. Attachment &

Human Development, 13(3), 253-269. https://doi.org/10.1080/14616734.2011.562415

Barak, S., & Weiner, I. (2007). Scopolamine Induces Disruption of Latent Inhibition which is Prevented by Antipsychotic Drugs and an Acetylcholinesterase Inhibitor. Neuropsychopharmacology, 32(5), 989-999. https://doi.org/10.1038/sj.npp.1301208

Barber, A. D., Jacobson, L. A., Wexler, J. L., Nebel, M. B., Caffo, B. S., Pekar, J. J., & Mostofsky, S. H. (2015). Connectivity supporting attention in children with attention deficit hyperactivity disorder. NeuroImage: Clinical, 7, 68-81. https://doi.org/10.1016/j.nicl.2014.11.011

Barbot, B., Tan, M., & Grigorenko, E. L. (2013). The genetics of creativity: The generative and receptive sides of the creativity equation. In O. Vartanian, A. S. Bristol & J. C. Kaufman (Eds.), Neuroscience of creativity (p. 71–93). Boston Review.

Rattan, A. (2019). How lay theories (or mindsets) shape the confrontation of prejudice. In R. K. Mallett & M. J. Monteith (Eds.), Confronting prejudice and discrimination: The science of changing minds and behaviors (p. 121-140). Academic Press. https://doi.org/10.1016/B978-0-12-814715-3.00008-4

Baron-Cohen S. (2002). The extreme male brain theory of autism. Trends in cognitive sciences, 6(6), 248–254.

https://doi.org/10.1016/s1364-6613(02)01904-6

Baron-Cohen, S., Johnson, D., Asher, J., Wheelwright, S., Fisher, S. E., Gregersen, P. K., & Allison, C. (2013). Is synaesthesia more common in autism?. Molecular autism, 4(1), 40. https://doi.org/10.1186/2040-2392-4-40

Bartsiokas, A., Arsuaga, J.L. (2020). Hibernation in hominins from Atapuerca, Spain half a million years ago. L'Anthropologie, 24(5), 102797. https://doi.org/10.1016/j.anthro.2020.102797

Beaven, A. (2012). Attention deficit hyperactivity disorder: Reframing "deficit" as creative strength [Phd, University of Southampton]. https://eprints.soton.ac.uk/347117/

Behr, A. (Réalisateurs). (2020). Moi (in)attentif. Arte.

Ben Zion, I. Z., Tessler, R., Cohen, L., Lerer, E., Raz, Y., Bachner-Melman, R., Gritsenko, I., Nemanov, L., Zohar, A. H., Belmaker, R. H., Benjamin, J., & Ebstein, R. P. (2006). Polymorphisms in the dopamine D4 receptor gene (DRD4) contribute to individual differences in human sexual behavior: desire, arousal and sexual function. Molecular psychiatry, 11(8), 782–786. https://doi.org/10.1038/sj.mp.4001832

Benarrosh, C., Calderon, P. (Réalisateurs). (2020). George Orwell, Aldous Huxley : "1984" ou "Le meilleur des mondes" ?. Arte.

Benítez-Burraco, A. (2018). Differences in the Neanderthal BRCA2 gene might be related to their distinctive cognitive profile. Hereditas, 155. https://doi.org/10.1186/s41065-018-0076-2

Berry, C. (1981). The Nobel Scientists and the Origins of Scientific Achievement. The British Journal of Sociology, 32(3), 381-391. http://doi.org/10.2307/589284

Berry, A. S., Demeter, E., Sabhapathy, S., English, B. A., Blakely, R. D., Sarter, M., & Lustig, C. (2014). Disposed to distraction: Genetic variation in the cholinergic system influences distractibility but not time-on-task effects. Journal of cognitive neuroscience, 26(9), 1981-1991. https://doi.org/10.1162/jocn_a_00607

Bertelsen, B., Melchior, L., Tümer, Z., Groth, C., Mol Debes, N., Skov, L., Holst, K. K., Fagerlund, B., Mikkelsen, J. D., Tümer, Z., & Mikkelsen, J. D. (2014). Association of the CHRNA7 promoter variant -86T with Tourette syndrome and comorbid obsessive-compulsive disorder. Psychiatry Research, 219(3), 710-711. https://doi.org/10.1016/j.psychres.2014.06.032

Best, C., Arora, S., Porter, F., & Doherty, M. (2015). The Relationship Between Subthreshold Autistic Traits, Ambiguous Figure Perception and Divergent Thinking. Journal of Autism and Developmental Disorders, 45(12), 4064-4073. https://doi.org/10.1007/s10803-015-2518-2

Binet, A., Simon, T. (1905). Méthodes nouvelles pour le diagnostic du niveau intellectuel des anormaux. L'Année Psychologique, 11, p. 191-244. https://doi.org/10.3406/psy.1904.3675

Błaszczyk, J. W. (2016). Parkinson's Disease and Neurodegeneration: GABA-Collapse Hypothesis. Frontiers in Neuroscience, 10. https://doi.org/10.3389/fnins.2016.00269

Blatt, G. J., & Fatemi, S. H. (2011). Alterations in GABAergic biomarkers in the autism brain: Research findings and clinical implications. Anatomical Record (Hoboken, N.J.: 2007), 294(10), 1646-1652. https://doi.org/10.1002/ar.21252

Bohler, S. (2019). Le Bug humain : Pourquoi notre cerveau nous pousse à détruire la planète et comment l'en empêcher. Robert Laffont.

Boldt, G. (2019). Artistic creativity beyond divergent thinking: Analysing sequences in creative subprocesses. Thinking Skills and Creativity, 34, 100606. https://doi.org/10.1016/j.tsc.2019.100606

Boot, N., Nevicka, B., & Baas, M. (2017). Creativity in ADHD: Goal-Directed Motivation and Domain Specificity. Journal of Attention Disorders, 1087054717727352. https://doi.org/10.1177/1087054717727352

Bouchard, T. J., Lykken, D. T., Tellegen, A., Blacker, D. M., Waller, N. G. (1993) Creativity, Heritability, Familiarity: Which Word Does Not Belong?. Psychological Inquiry, 4(3), 235-237. https://doi.org/10.1207/s15327965pli0403_18

Bouvet, L., Amsellem, F., Maruani, A., Tonus-Vic Dupont, A., Mathieu, A., Bourgeron, T., Delorme, R., & Mottron, L. (2019). Synesthesia & autistic features in a large family: Evidence for spatial imagery as a common factor. Behavioural brain research, 362, 266–272. https://doi.org/10.1016/j.bbr.2019.01.014

Bowton, E., Saunders, C., Reddy, I. A., Campbell, N. G., Hamilton, P. J., Henry, L. K., Coon, H., Sakrikar, D., Veenstra-VanderWeele, J. M., Blakely, R. D., Sutcliffe, J., Matthies, H. J. G., Erreger, K., & Galli, A. (2014). SLC6A3 coding variant Ala559Val found in two autism probands alters dopamine transporter function and trafficking. Translational Psychiatry, 4, e464. https://doi.org/10.1038/tp.2014.90

Bradshaw, J. L., & Sheppard, D. M. (2000). The Neurodevelopmental Frontostriatal Disorders: Evolutionary Adaptiveness and Anomalous Lateralization. Brain and Language, 73(2), 297-320. https://doi.org/10.1006/brln.2000.2308

Brady, R. O., McCarthy, J. M., Prescot, A. P., Jensen, J. E., Cooper, A. J., Cohen, B. M., Renshaw, P. F., & Ongür, D. (2013). Brain gamma-aminobutyric acid (GABA) abnormalities in bipolar disorder. Bipolar Disorders, 15(4), 434-439. https://doi.org/10.1111/bdi.12074

Brady, R. O., Tandon, N., Masters, G. A., Margolis, A., Cohen, B. M., Keshavan, M., & Öngür, D. (2017). Differential brain network activity across mood states in bipolar disorder. Journal of Affective Disorders, 207, 367-376. https://doi.org/10.1016/j.jad.2016.09.041

Brehmer, Y., Westerberg, H., Bellander, M., Fürth, D., Karlsson, S., & Bäckman, L. (2009). Working memory plasticity modulated by dopamine transporter genotype. Neuroscience letters, 467(2), 117–120. https://doi.org/10.1016/j.neulet.2009.10.018

Caldarone, B. J., Duman, C. H., & Picciotto, M. R. (2000). Fear conditioning and latent inhibition in mice lacking the high affinity subclass of nicotinic acetylcholine receptors in the brain. Neuropharmacology, 39(13), 2779-2784. https://doi.org/10.1016/s0028-3908(00)00137-4

Caldwell-Harris, C., Murphy, C. F, Velazquez, T., & McNamara, P. (2011). Religious Belief Systems of Persons with High Functioning Autism. Proceedings of the Annual Meeting of the Cognitive Science Society, 33. Retrieved from https://escholarship.org/uc/item/6zh3j3pr

Canguilhem, G. (1972). Le normal et le pathologique. Presses universitaires de France.

Cao, B., Stanley, J. A., Passos, I. C., Mwangi, B., Selvaraj, S., Zunta-Soares, G. B., & Soares, J. C. (2017). Elevated Choline-Containing Compound Levels in Rapid Cycling Bipolar Disorder. Neuropsychopharmacology, 42(11), 2252-2258. https://doi.org/10.1038/npp.2017.39

Cao, H., Chén, O. Y., Chung, Y., Forsyth, J. K., McEwen, S. C., Gee, D. G., Bearden, C. E., Addington, J., Goodyear, B., Cadenhead, K. S., Mirzakhanian, H., Cornblatt, B. A., Carrión, R. E., Mathalon, D. H., McGlashan, T. H., Perkins, D. O., Belger, A., Seidman, L. J., Thermenos, H., … Cannon, T. D. (2018). Cerebello-thalamo-cortical hyperconnectivity as a state-independent functional neural signature for psychosis prediction and characterization. Nature Communications, 9(1), 1-9. https://doi.org/10.1038/s41467-018-06350-7

Cao, H., Ingvar, M., Hultman, C. M., & Cannon, T. (2019). Evidence for cerebello-thalamo-cortical hyperconnectivity as a heritable trait for schizophrenia. Translational Psychiatry, 9(1), 1-8. https://doi.org/10.1038/s41398-019-0531-5

Carroll, L., Tober, L. (dir.). (1999). Les enfants indigo, Enfants du 3ème millénaire. Ariane.

Carruthers, L. (2016). Creativity and Attention: A Multi-Method Investigation. https://doi.org/10.13140/RG.2.2.13664.89603

Carruthers, L., MacLean, R., & Willis, A. (2018). The Relationship Between Creativity and Attention in Adults. Creativity Research Journal, 30(4), 370-379. https://doi.org/10.1080/10400419.2018.1530910

Carson, S. H. (2001). Demons and muses: An exploration of cognitive features and vulnerability to psychosis in creative individuals [thesis]. Harvard University.

Carson, S. H., Peterson, J. B., & Higgins, D. M. (2003). Decreased Latent Inhibition Is Associated With Increased Creative Achievement in High-Functioning Individuals. Journal of Personality and Social Psychology, 85(3), 499–506. https://doi.org/10.1037/0022-3514.85.3.499

Carson, S. H. (2011). Creativity and psychopathology: A shared vulnerability model. Canadian Journal of Psychiatry. Revue Canadienne De Psychiatrie, 56(3), 144-153. https://doi.org/10.1177/070674371105600304

Carson, S. H. (2014). The shared model of creativity and psychopathology. In J. C. Kaufman, (Ed.), Creativity and Mental Illness (p. 253-280). Cambridge University Press.

O. Vartanian, A. S. Bristol & J. C. Kaufman (Eds.), Neuroscience of creativity (p. 71–93). Boston Review.

Carson S. H. (2014b). Leveraging the "mad genius" debate: why we need a neuroscience of creativity and psychopathology. Frontiers in human neuroscience, 8, 771. https://doi.org/10.3389/fnhum.2014.00771

Carson, S. H. (2019). Creativity and Mental Illness. In J. C. Kaufman & R. J. Sternberg, (Eds.), The Cambridge Handbook of Creativity, Second Edition (p. 296-318). Cambridge University Press.

Casanova, E. L., Switala, A. E., Dandamudi, S., Hickman, A. R., Vandenbrink, J., Sharp, J. L., Feltus, F. A., & Casanova, M. F. (2019). Autism risk genes are evolutionarily ancient and maintain a unique feature landscape that echoes their function. Autism research: official journal of the International Society for Autism Research, 12(6), 860–869. https://doi.org/10.1002/aur.2112

Catani, M., & Mazzarello, P. (2019). Grey Matter Leonardo da Vinci: A genius driven to distraction. Brain, 142(6), 1842-1846. https://doi.org/10.1093/brain/awz131

Cattell, J. McK. (1886). Psychometrische Untersuchungen: I. Apparate und Methoden. - II. Die Reactionzeit. Philosophische Studien, vol. 3, 305-335.

Charlier P, Deo S. (2018). Schizophrenia: four examples of historical retrospective diagnosis. L'encephale. 44(6S), S55-S57.

http://doi.org/10.1016/s0013-7006(19)30082-x.

Charman, T., Pickles, A., Simonoff, E., Chandler, S., Loucas, T., & Baird, G. (2011). IQ in children with autism spectrum disorders: data from the Special Needs and Autism Project (SNAP). Psychological medicine, 41(3), 619–627. https://doi.org/10.1017/S0033291710000991

Chávez-Eakle, R. A., del Carmen Lara, M., & Cruz-Fuentes, C. (2006). Personality: A Possible Bridge Between Creativity and Psychopathology? Creativity Research Journal, 18(1), 27–38. https://doi.org/10.1207/s15326934crj1801_4

Chen, H., Wang, G., Xia, J., Zhou, Y., Gao, Y., Xu, J., Huen, M. S., Siok, W. T., Jiang, Y., Tan, L. H., & Sun, Y. (2014). Stuttering candidate genes DRD2 but not SLC6A3 is associated with developmental dyslexia in Chinese population. Behavioral and Brain Functions: BBF, 10(1), 29. https://doi.org/10.1186/1744-9081-10-29

Chen, L. H., Lee, C., Ho, T., Hung, S., Tang, C., Garcia-Barcelo, M., Lai, Y. C. K., Ma, S. L., Mo, Y. M. F., Lee, M. C. M., Shea, K. S. C., Sham, P. C., & Leung, P. W.-L. (2019). M5—GENETIC OVERLAP BETWEEN ADHD AND ASD IN SHANK GENES IN CHINESE POPULATION. European Neuropsychopharmacology, 29, S956-S957. https://doi.org/10.1016/j.euroneuro.2017.08.312

Chen, T., Qin, X.-J., Cui, J.-F., Li, Y., Liu, L.-L., Wang, P., Tao, S.-L., Shum, D. H. K., Wang, Y., & Chan, R. C. K. (2019). Mind wandering in schizophrenia: A thought-sampling study. Consciousness and Cognition, 74, 102774. https://doi.org/10.1016/j.concog.2019.102774

Cieslinska, A., Fiedorowicz, E., Jarmolowska, B., Kordulewska, N., Kostyra, E., Moszynska, M., & Savelkoul, H. F. (2019). Polymorphisms rs6313 and rs6314 in Serotonin Receptor Gene (HTR2A) and Serotonin Concentration in Autistic Children. 9(1), 2021-2028. https://doi.org/10.4172/Neuropsychiatry.1000547

Clarke, T. K., Lupton, M. K., Fernandez-Pujals, A. M., Starr, J., Davies, G., Cox, S., Pattie, A., Liewald, D. C., Hall, L. S., MacIntyre, D. J., Smith, B. H., Hocking, L. J., Padmanabhan, S., Thomson, P. A., Hayward, C., Hansell, N. K., Montgomery, G. W., Medland, S. E., Martin, N. G., Wright, M. J., … McIntosh, A. M. (2016). Common polygenic risk for autism spectrum disorder (ASD) is associated with cognitive ability in the general population. Molecular psychiatry, 21(3), 419–425. https://doi.org/10.1038/mp.2015.12

Colla, M., Ende, G., Alm, B., Deuschle, M., Heuser, I., & Kronenberg, G. (2008). Cognitive MR spectroscopy of anterior cingulate cortex in ADHD: Elevated choline signal correlates with slowed hit reaction times. Journal of Psychiatric Research, 42(7), 587-595. https://doi.org/10.1016/j.jpsychires.2007.06.006

Collins, A. L., Ma, D., Whitehead, P. L., Martin, E. R., Wright, H. H., Abramson, R. K., Hussman, J. P., Haines, J. L., Cuccaro, M. L., Gilbert, J. R., & Pericak-Vance, M. A. (2006). Investigation of autism and GABA receptor subunit genes in multiple ethnic groups. Neurogenetics, 7(3), 167-174. https://doi.org/10.1007/s10048-006-0045-1

Collins, A. (2010). Apprentissage et contrôle cognitif : Une théorie computationnelle de la fonction exécutive préfontale humaine. https://tel.archives-ouvertes.fr/tel-00814840/document

Coon, H., Dunn, D., Lainhart, J., Miller, J., Hamil, C., Battaglia, A., Tancredi, R., Leppert, M. F., Weiss, R., & McMahon, W. (2005). Possible association between autism and variants in the brain-expressed tryptophan hydroxylase gene (TPH2). American Journal of Medical Genetics. Part B, Neuropsychiatric Genetics: The Official Publication of the International Society of Psychiatric Genetics, 135B(1), 42-46. https://doi.org/10.1002/ajmg.b.30168

Corballis, M. C. (2018). Mirror-image equivalence and interhemispheric mirror-image reversal. Frontiers in Human Neuroscience, 12, Article 140. https://doi.org/10.3389/fnhum.2018.00140

Costa, D. S., Bechara, A., de Paula, J. J., Romano-Silva, M. A., Correa, H., Lage, G. M., Miranda, D. M., & Malloy-Diniz, L. F.

(2016b). Influence of COMT Val158Met polymorphism on emotional decision-making: A sex-dependent relationship?. Psychiatry research, 246, 650–655. https://doi.org/10.1016/j.psychres.2016.10.073

Costa, D. S., de Paula, J. J., Alvim-Soares, A. M., Jr, Pereira, P. A., Malloy-Diniz, L. F., Rodrigues, L. O., Romano-Silva, M. A., & de Miranda, D. M. (2016). COMT Val(158)Met Polymorphism Is Associated with Verbal Working Memory in Neurofibromatosis Type 1. Frontiers in human neuroscience, 10, 334. https://doi.org/10.3389/fnhum.2016.00334

Cox, C. (1926). Genetic studies of genius. II. The early mental traits of three hundred geniuses. Stanford University Press.

Craddock, N., Jones, L., Jones, I. R., Kirov, G., Green, E. K., Grozeva, D., Moskvina, V., Nikolov, I., Hamshere, M. L., Vukcevic, D., Caesar, S., Gordon-Smith, K., Fraser, C., Russell, E., Norton, N., Breen, G., Clair, D. S., Collier, D. A., Young, A. H., … O'Donovan, M. C. (2010). Strong genetic evidence for a selective influence of GABA A receptors on a component of the bipolar disorder phenotype. Molecular Psychiatry, 15(2), 146-153. https://doi.org/10.1038/mp.2008.66

Crespi B. J. (2016). Autism As a Disorder of High Intelligence. Frontiers in neuroscience, 10, 300. https://doi.org/10.3389/fnins.2016.00300

Crompton, C. J., Fletcher-Watson, S. (2019, May 2). Efficiency and interaction during information transfer between autistic and neurotypical people [Poster presentation]. International Society for Autism Research Annual Conference, Montreal, Ontario, Canada.

Crompton, C. J., Ropar, D., Evans-Williams, C. V., Flynn, E. G., & Fletcher-Watson, S. (2020). Autistic peer-to-peer information transfer is highly effective. Autism, 24(7), 1704–1712. https://doi.org/10.1177/1362361320919286

Cropley, A. J. (1967). Creativity: A New Kind of Intellect? Australian Journal of Education, 11(2), 120–125. https://doi.org/10.1177/000494416701100203

Crow T. J. (2000). Schizophrenia as the price that homo sapiens pays for language: a resolution of the central paradox in the origin of the species. Brain research. Brain research reviews, 31(2-3), 118–129. https://doi.org/10.1016/s0165-0173(99)00029-6

Cuche, C., Brasseur, S. (2017). Le haut potentiel en question. Madraga.

Currier, T. A., Etchegaray, M. A., Haight, J. L., Galaburda, A. M., & Rosen, G. D. (2011). THE EFFECTS OF EMBRYONIC KNOCKDOWN OF THE CANDIDATE DYSLEXIA SUSCEPTIBILITY GENE HOMOLOGUE DYX1C1 ON THE

QUI SONT VRAIMENT LES ANORMAUX ?

DISTRIBUTION OF GABAERGIC NEURONS IN THE CEREBRAL CORTEX. Neuroscience, 172, 535-546. https://doi.org/10.1016/j.neuroscience.2010.11.002

Czech, H. (2018). Hans Asperger, National Socialism, and "race hygiene" in Nazi-era Vienna. Molecular autism, 9, 29. https://doi.org/10.1186/s13229-018-0208-6

Dachez, J. (2016). Envisager l'autisme autrement : une approche psychosociale. [Thèse de Doctorat, Université de Nantes]. Archive du Service Commun de la Documentation. http://archive.bu.univ-nantes.fr/pollux/show.action?id=0242b288-ceeb-49ec-98d1-174527d85799

Dachez, J. (2018). Dans ta bulle : Les autistes ont la parole : écoutons-les !. Marabout.

Davies, G., Tenesa, A., Payton, A., Yang, J., Harris, S. E., Liewald, D., Ke, X., Le Hellard, S., Christoforou, A., Luciano, M., McGhee, K., Lopez, L., Gow, A. J., Corley, J., Redmond, P., Fox, H. C., Haggarty, P., Whalley, L. J., McNeill, G., Goddard, M. E., … Deary, I. J. (2011). Genome-wide association studies establish that human intelligence is highly heritable and polygenic. Molecular psychiatry, 16(10), 996–1005. https://doi.org/10.1038/mp.2011.85

Darwin, C. (1859). On the origins of species by means of natural selection by means of the natural selection, or the preservation of favoured races in the struggle for life. John Murray.

Dawkins, R. (2006). The God Delusion. Houghton Mifflin Co.

de Aguiar, C. R. R. A., de Aguiar, M. J. L., DeLucia, R., & Silva, M. T. A. (2013). Effect of dopamine and serotonin receptor antagonists on fencamfamine-induced abolition of latent inhibition. European Journal of Pharmacology, 698(1), 246-251. https://doi.org/10.1016/j.ejphar.2012.10.015

De Funès, J. (2019). Le développement (Im)personnel, le succès d'une imposture. L'Observatoire.

de Jonge, J. C., Vinkers, C. H., Hulshoff Pol, H. E., & Marsman, A. (2017). GABAergic Mechanisms in Schizophrenia: Linking Postmortem and In Vivo Studies. Frontiers in Psychiatry, 8, 118. https://doi.org/10.3389/fpsyt.2017.00118

de Moor, M. H. M., Roeling, M. P., Boomsma, D. I. (2013). Creativity and talent: Etiology of familial clustering In Neuroscience of Creativity (p. 95-112). The MIT Press.

Debord, G. (1992). La Société du spectacle. Gallimard.

Dehaene, S. (2014). Fondements cognitifs des apprentissages scolaires. https://www.college-de-france.fr/media/stanislas-dehaene/UPL2812985053430393578_Cours_2_Fondements_cogn itifs_des_apprentissages_scolaires_v6.pdf

Deneault, A. (2015). La médiocratie. Lux.

Depue, R. A., & Collins, P. F. (1999). Neurobiology of the structure of personality: dopamine, facilitation of incentive motivation, and extraversion. The Behavioral and brain sciences, 22(3), 491–569. https://doi.org/10.1017/s0140525x99002046

Dima, D., Roberts, R. E., & Frangou, S. (2016). Connectomic markers of disease expression, genetic risk and resilience in bipolar disorder. Translational Psychiatry, 6, e706. https://doi.org/10.1038/tp.2015.193

Ding, Y.-C., Chi, H.-C., Grady, D. L., Morishima, A., Kidd, J. R., Kidd, K. K., Flodman, P., Spence, M. A., Schuck, S., Swanson, J. M., Zhang, Y.-P., & Moyzis, R. K. (2002). Evidence of positive selection acting at the human dopamine receptor D4 gene locus. Proceedings of the National Academy of Sciences of the United States of America, 99(1), 309-314. https://doi.org/10.1073/pnas.012464099

Doan, R. N., Bae, B. I., Cubelos, B., Chang, C., Hossain, A. A., Al-Saad, S., Mukaddes, N. M., Oner, O., Al-Saffar, M., Balkhy, S., Gascon, G. G., Homozygosity Mapping Consortium for Autism, Nieto, M., & Walsh, C. A. (2016). Mutations in Human Accelerated Regions Disrupt Cognition and Social Behavior. Cell, 167(2), 341–354.e12. https://doi.org/10.1016/j.cell.2016.08.071

Draper, A., Stephenson, M. C., Jackson, G. M., Pépés, S., Morgan, P. S., Morris, P. G., & Jackson, S. R. (2014). Increased GABA Contributes to Enhanced Control over Motor Excitability in Tourette Syndrome. Current Biology, 24(19), 2343-2347. https://doi.org/10.1016/j.cub.2014.08.038

Dumas, J. A., Makarewicz, J. A., Bunn, J., Nickerson, J., & McGee, E. (2018). Dopamine-dependent cognitive processes after menopause: the relationship between COMT genotype, estradiol, and working memory. Neurobiology of aging, 72, 53–61. https://doi.org/10.1016/j.neurobiolaging.2018.08.009

Dumas, J. E. (2013). Psychopathologie de l'enfant et de l'adolescent. De Boeck Superieur.

Dumontheil, I., Roggeman, C., Ziermans, T., Peyrard-Janvid, M., Matsson, H., Kere, J., & Klingberg, T. (2011). Influence of the COMT genotype on working memory and brain activity changes during development. Biological psychiatry, 70(3), 222–229. https://doi.org/10.1016/j.biopsych.2011.02.027

Durán-González, J., Leal-Ugarte, E., Cruz-Alcalá, L. E., Gutiérrez-Angulo, M., Gallegos-Arreola, M. P., Meza-Espinoza, J. P., Reyes-Zurita, I., Padilla-Macías, P. L., Campo, E. C.-M. del, & Peralta-Leal, V. (2018). Association of the SLC6A4 géne 5HTTLPR polymorphism and ADHD with epilepsy, gestational diabetes, and parental substance abuse in Mexican mestizo children. Salud Mental, 41(5), 223-227. https://doi.org/10.17711/SM.0185-3325.2018.033

Dutton, E., Madison, G., & Dunkel, C. (2018). The mutant says in his heart, "there is no God": The rejection of collective religiosity centred around the worship of moral gods is associated with high mutational load. Evolutionary Psychological Science, 4(3), 233–244. https://doi.org/10.1007/s40806-017-0133-5

Dutton, E., Te Nijenhuis, J., Metzen, D., van der Linden, D., & Madison, G. (2020). The Myth of the Stupid Believer: The Negative Religiousness-IQ Nexus is Not on General Intelligence (g) and is Likely a Product of the Relations Between IQ and Autism Spectrum Traits. Journal of religion and health, 59(3), 1567–1579. https://doi.org/10.1007/s10943-019-00926-3

Edden, R. A. E., Crocetti, D., Zhu, H., Gilbert, D. L., & Mostofsky, S. H. (2012). Reduced GABA Concentration in Attention-Deficit/Hyperactivity Disorder. Archives of general psychiatry, 69(7), 750-753. https://doi.org/10.1001/archgenpsychiatry.2011.2280

Egerton, A., Modinos, G., Ferrera, D., & McGuire, P. (2017). Neuroimaging studies of GABA in schizophrenia: A systematic review with meta-analysis. Translational Psychiatry, 7(6), e1147. https://doi.org/10.1038/tp.2017.124

Eisenberg, D. T., Campbell, B., Gray, P. B., & Sorenson, M. D. (2008). Dopamine receptor genetic polymorphisms and body composition in undernourished pastoralists: An exploration of nutrition indices among nomadic and recently settled Ariaal men of northern Kenya. BMC Evolutionary Biology, 8, 173. https://doi.org/10.1186/1471-2148-8-173

Ellis, S. E., Panitch, R., West, A. B., & Arking, D. E. (2016). Transcriptome analysis of cortical tissue reveals shared sets of downregulated genes in autism and schizophrenia. Translational Psychiatry, 6, e817. https://doi.org/10.1038/tp.2016.87

English, B. A., Hahn, M. K., Gizer, I. R., Mazei-Robison, M., Steele, A., Kurnik, D. M., Stein, M. A., Waldman, I. D., & Blakely, R. D. (2009). Choline transporter gene variation is associated with attention-deficit hyperactivity disorder. Journal of neurodevelopmental disorders, 1(4), 252-263. https://doi.org/10.1007/s11689-009-9033-8

Enzensberger, H. M. (1991). Médiocrité et Folie. Gallimard

Erlander, M. G., Tillakaratne, N. J. K., Feldblum, S., Patel, N., & Tobin, A. J. (1991). Two genes encode distinct glutamate decarboxylases. Neuron, 7(1), 91-100. https://doi.org/10.1016/0896-6273(91)90077-D

ERT. (1995). Education for Europeans, Towards the Learning

Society. European Round Table of Industrialists.

Esteller-Cucala, P., Maceda, I., Demontis, D., Børglum, A. D., Neale, B., Faraone, S. V., Cormand, B., & Lao, O. (2019). SU5—IDENTIFICATION OF POLYGENIC ADAPTATION IN ATTENTION-DEFICIT/HYPERACTIVITY DISORDER USING GWAS DATA. European Neuropsychopharmacology, 29, S889. https://doi.org/10.1016/j.euroneuro.2017.08.194

Eysenck, H. J. (1983). The roots of creativity: Cognitive ability or personality trait? Roeper Review: A Journal on Gifted Education, 5(4), 10–12. https://doi.org/10.1080/02783198309552714

Eysenck, H. J. (1993). Creativity and personality: Suggestions for a theory. Psychological Inquiry, 4(3), 147–178. https://doi.org/10.1207/s15327965pli0403_1

Eysenck, H. J. (1995). Genius: The Natural History of Creativity. Cambridge University Press.

Eysenck, H. J. (1998). Dimensions of personality. Transaction Publishers.

Eysenck, H. J. (1998b). Intelligence: a new look. Transactions Publishers.

Fink, A., Benedek, M., Unterrainer, H. F., Papousek, I., & Weiss, E. M. (2014). Creativity and psychopathology: are there similar mental processes involved in creativity and in psychosis-proneness?. Frontiers in psychology, 5, 1211. https://doi.org/10.3389/fpsyg.2014.01211

Fisher, N. M., Seto, M., Lindsley, C. W., & Niswender, C. M. (2018). Metabotropic Glutamate Receptor 7: A New Therapeutic Target in Neurodevelopmental Disorders. Frontiers in Molecular Neuroscience, 11. https://doi.org/10.3389/fnmol.2018.00387

Fitzgerald M. (2000). Did Ludwig Wittgenstein have Asperger's syndrome?. European child & adolescent psychiatry, 9(1), 61–65. https://doi.org/10.1007/s007870050117

Fitzgerald, M. (2005). The Genesis of Artistic Creativity: Asperger's Syndrome and the Arts. Jessica Kingsley Publishers.

Flaherty A. W. (2005). Frontotemporal and dopaminergic control of idea generation and creative drive. The Journal of comparative neurology, 493(1), 147–153. https://doi.org/10.1002/cne.20768

Flaherty, A. (2018). Homeostasis and the Control of Creative Drive. In R. Jung & O. Vartanian (Eds.), The Cambridge Handbook of the Neuroscience of Creativity (p. 19-49). Cambridge University Press. http://doi.org/10.1017/9781316556238.003

Focquaert, F., & Vanneste, S. (2015). Autism spectrum traits in normal individuals: a preliminary VBM analysis. Frontiers in human neuroscience, 9, 264. https://doi.org/10.3389/fnhum.2015.00264

Folley, B. S., Doop, M. L., & Park, S. (2003). Psychoses and creativity: is the missing link a biological mechanism related to phospholipids turnover?. Prostaglandins, leukotrienes, and essential fatty acids, 69(6), 467–476. https://doi.org/10.1016/j.plefa.2003.08.019

Foucault, M. (1972). Histoire de la folie à l'âge classique. Gallimard.

Frances, A. (2013). Saving normal: an insider's revolt against out-of-control psychiatric diagnosis, DSM-5, big pharma, and the medicalization of ordinary life. William Morrow.

Gadow, K. D., Roohi, J., DeVincent, C. J., Kirsch, S., & Hatchwell, E. (2009). Association of COMT (Val158Met) and BDNF (Val66Met) Gene Polymorphisms with Anxiety, ADHD and Tics in Children with Autism Spectrum Disorder. Journal of autism and developmental disorders, 39(11), 1542-1551. https://doi.org/10.1007/s10803-009-0794-4

Gale, C. R., Batty, G. D., McIntosh, A. M., Porteous, D. J., Deary, I. J., & Rasmussen, F. (2013). Is bipolar disorder more common in highly intelligent people? A cohort study of a million men. Molecular psychiatry, 18(2), 190–194. https://doi.org/10.1038/mp.2012.26

Galton, F. (1869). Hereditary Genius: An Inquiry Into Its Laws and Consequences. Macmillan Publishers.

Galton, F. (1874). English men of science: their nature and nurture. Macmillan Publishers.

Galton, F. (1892). Hereditary Genius: An Inquiry Into Its Laws and Consequences (2e éd.). Macmillan Publishers.

Gandal, M. J., Haney, J. R., Parikshak, N. N., Leppa, V., Ramaswami, G., Hartl, C., Schork, A. J., Appadurai, V., Buil, A., Werge, T. M., Liu, C., White, K. P., Consortium, C., Consortium, P., Group, iPSYCH-B. W., Horvath, S., & Geschwind, D. H. (2018). Shared molecular neuropathology across major psychiatric disorders parallels polygenic overlap. Science, 359(6376), 693-697. https://doi.org/10.1126/science.aad6469

Gao, J., Jia, M., Qiao, D., Qiu, H., Sokolove, J., Zhang, J., & Pan, Z. (2016). TPH2 gene polymorphisms and bipolar disorder: A meta-analysis. American Journal of Medical Genetics. Part B, Neuropsychiatric Genetics: The Official Publication of the International Society of Psychiatric Genetics, 171B(2), 145-152. https://doi.org/10.1002/ajmg.b.32381

Garcia-Ruiz, P. J. (2018). Impulse Control Disorders and Dopamine-Related Creativity: Pathogenesis and Mechanism, Short

Review, and Hypothesis. Frontiers in Neurology, 9. https://doi.org/10.3389/fneur.2018.01041

Gardner, H. (1985). Frames of Mind, The Theory of Multiple Intelligences. Basic Books, Inc., Publishers.

Gardner, H. (1993). Seven Creators of the Modern Era. In J. Brockman, (Ed.), Creativity (p. 48-74). Simon & Schuster.

Gardner, H. (1999). Intelligence Reframed: Multiple Intelligences for the 21st Century. Basic Books.

Gardner, H., Weinstein, E (2018). Creativity: The View from Big C and the Introduction of Tiny c. In R. J. Sternberg & J. C. Kaufman (Eds.), The Nature of Human Creativity (p. 94-109). Cambridge University Press.

Gass, N., Weber-Fahr, W., Sartorius, A., Becker, R., Didriksen, M., Stensbøl, T. B., Bastlund, J. F., Meyer-Lindenberg, A., & Schwarz, A. J. (2016). An acetylcholine alpha7 positive allosteric modulator rescues a schizophrenia-associated brain endophenotype in the 15q13.3 microdeletion, encompassing CHRNA7. European Neuropsychopharmacology: The Journal of the European College of Neuropsychopharmacology, 26(7), 1150-1160. https://doi.org/10.1016/j.euroneuro.2016.03.013

Gauvrit, N. (2014). Les surdoués ordinaires. Presses Universitaires de France.

Gelernter, J., Vandenbergh, D., Kruger, S. D., Pauls, D. L., Kurlan, R., Pakstis, A. J., Kidd, K. K., & Uhl, G. (1995). The dopamine transporter protein gene (SLC6A3): Primary linkage mapping and linkage studies in Tourette syndrome. Genomics, 30(3), 459-463. https://doi.org/10.1006/geno.1995.1265

Getzels, J. W., & Jackson, P. W. (1962). Creativity and intelligence: Explorations with gifted students. Wiley.

Gillentine, M., & Schaaf, C. P. (2015). The Human Clinical Phenotypes of Altered CHRNA7 Copy Number. Biochemical pharmacology, 97(4), 352-362. https://doi.org/10.1016/j.bcp.2015.06.012

Glăveanu, V.-P. (2010). Principles for a Cultural Psychology of Creativity. Culture & Psychology, 16(2), 147–163. https://doi.org/10.1177/1354067X10361394

Glăveanu, V. P., & Kaufman, J. C. (2019). Creativity: A Historical Perspective. In J. C. Kaufman & R. J. Sternberg (Eds.), The Cambridge Handbook of Creativity (p. 9-26). Cambridge University Press.

Glazer, E. (2009). Rephrasing the madness and creativity debate: What is the nature of the creativity construct? Personality and

Individual Differences, 46(8), 755–764. https://doi.org/10.1016/j.paid.2009.01.021

Gleick, J. (2011). The Information: A History, A Theory, A Flood. Pantheon Books.

Goes, F. S., Pirooznia, M., & Parla, J. S. (2016). Exome Sequencing of Familial Bipolar Disorder. JAMA Psychiatry, 6(73), 590-597. https://doi.org/10.1001/jamapsychiatry.2016.0251

Gong, P., Liu, J., Blue, P. R., Li, S., & Zhou, X. (2015). Serotonin receptor gene (HTR2A) T102C polymorphism modulates individuals' perspective taking ability and autistic-like traits. Frontiers in Human Neuroscience, 9. https://doi.org/10.3389/fnhum.2015.00575

Gokhman, D., Lavi, E., Prüfer, K., Fraga, M. F., Riancho, J. A., Kelso, J., Pääbo, S., Meshorer, E., & Carmel, L. (2014). Reconstructing the DNA Methylation Maps of the Neandertal and the Denisovan. Science, 344(6183), 523-527. https://doi.org/10.1126/science.1250368

Goldberg, T. E., Egan, M. F., Gscheidle, T., Coppola, R., Weickert, T., Kolachana, B. S., Goldman, D., & Weinberger, D. R. (2003). Executive subprocesses in working memory: relationship to catechol-O-methyltransferase Val158Met genotype and schizophrenia. Archives of general psychiatry, 60(9), 889–896.

https://doi.org/10.1001/archpsyc.60.9.889

Gómez-Olivencia, A., Barash, A., García-Martínez, D. et al. (2018). 3D virtual reconstruction of the Kebara 2 Neandertal thorax. Nat Commun 9, 4387. https://doi.org/10.1038/s41467-018-06803-z

Gosso, F. M., de Geus, E. J., Polderman, T. J., Boomsma, D. I., Posthuma, D., & Heutink, P. (2007). Exploring the functional role of the CHRM2 gene in human cognition: results from a dense genotyping and brain expression study. BMC medical genetics, 8, 66. https://doi.org/10.1186/1471-2350-8-66

Grady, D. L., Harxhi, A., Smith, M., Flodman, P., Spence, M. A., Swanson, J. M., & Moyzis, R. K. (2005). Sequence variants of the DRD4 gene in autism: Further evidence that rare DRD4 7R haplotypes are ADHD specific. American Journal of Medical Genetics. Part B, Neuropsychiatric Genetics: The Official Publication of the International Society of Psychiatric Genetics, 136B(1), 33-35. https://doi.org/10.1002/ajmg.b.30182

Grady, D. L., Thanos, P. K., Corrada, M. M., Barnett, J. C., Ciobanu, V., Shustarovich, D., Napoli, A., Moyzis, A. G., Grandy, D., Rubinstein, M., Wang, G.-J., Kawas, C. H., Chen, C., Dong, Q., Wang, E., Volkow, N. D., & Moyzis, R. K. (2013). DRD4 genotype predicts longevity in mouse and human. The Journal of Neuroscience: The Official Journal of the Society for Neuroscience, 33(1), 286-291. https://doi.org/10.1523/JNEUROSCI.3515-

12.2013

Graeber, D. (2018). Bullshit Jobs. Les liens qui libèrent.

Green, E. K., Grozeva, D., Moskvina, V., Hamshere, M. L., Jones, I. R., Jones, L., Forty, L., Caesar, S., Gordon-Smith, K., Fraser, C., Russell, E., St Clair, D., Young, A. H., Ferrier, N., Farmer, A., McGuffin, P., Holmans, P. A., Owen, M. J., O'Donovan, M. C., & Craddock, N. (2010a). Variation at the GABAA receptor gene, Rho 1 (GABRR1) associated with susceptibility to bipolar schizoaffective disorder. American Journal of Medical Genetics. Part B, Neuropsychiatric Genetics: The Official Publication of the International Society of Psychiatric Genetics, 153B(7), 1347-1349. https://doi.org/10.1002/ajmg.b.31108

Green, R. E., Krause, J., Briggs, A. W., Maricic, T., Stenzel, U., Kircher, M., Patterson, N., Li, H., Zhai, W., Fritz, M. H., Hansen, N. F., Durand, E. Y., Malaspinas, A. S., Jensen, J. D., Marques-Bonet, T., Alkan, C., Prüfer, K., Meyer, M., Burbano, H. A., Good, J. M., … Pääbo, S. (2010b). A draft sequence of the Neandertal genome. Science (New York, N.Y.), 328(5979), 710–722. https://doi.org/10.1126/science.1188021

Greenwood T. A. (2017). Positive Traits in the Bipolar Spectrum: The Space between Madness and Genius. Molecular neuropsychiatry, 2(4), 198–212. https://doi.org/10.1159/000452416

Gregory, M. D., Kippenhan, J. S., Eisenberg, D. P., Kohn, P. D., Dickinson, D., Mattay, V. S., Chen, Q., Weinberger, D. R., Saad, Z. S., & Berman, K. F. (2017). Neanderthal-Derived Genetic Variation Shapes Modern Human Cranium and Brain. Scientific Reports, 7(1), 6308. https://doi.org/10.1038/s41598-017-06587-0

Grigorenko, E. L., LaBuda, M. C., & Carter, A. S. (1992). Similarity in general cognitive ability, creativity, and cognitive style in a sample of adolescent Russian twins. Acta geneticae medicae et gemellologiae, 41(1), 65–72. https://doi.org/10.1017/s000156600000252x

Guilford, J. P. (1950). Creativity. American Psychologist, 5(9), 444–454. https://doi.org/10.1037/h0063487
Guilford, J. P. (1956). The structure of intellect. Psychological Bulletin, 53(4), 267–293. https://doi.org/10.1037/h0040755

Guilford, J. P. (1959). Personality. McGraw-Hill.

Guilford, P. (1967). The Nature of Human Intelligence. McGraw-Hill.

Guilford, P. (1977). Way Beyond the IQ, Guide to Improving Intelligence and Creativity. Creative Education Foundation.

Guilford, P. (1988). Some changes in the structure-of-intellect model. Educational and Psychological Measurement, 48(1), 1–4. https://doi.org/10.1177/001316448804800102

Guo, T., Wang, W., Liu, B., Chen, H., & Yang, C. (2013). Catechol-O-methyltransferase Val158Met polymorphism and risk of autism spectrum disorders. Journal of International Medical Research, 41(3), 725-734. https://doi.org/10.1177/0300060513479871

Guptill, J. T., Booker, A. B., Gibbs, T. T., Kemper, T. L., Bauman, M. L., & Blatt, G. J. (2007). [3H]-flunitrazepam-labeled benzodiazepine binding sites in the hippocampal formation in autism: A multiple concentration autoradiographic study. Journal of Autism and Developmental Disorders, 37(5), 911-920. https://doi.org/10.1007/s10803-006-0226-7

Haggbloom, S. J., Warnick, R., Warnick, J. E., Jones, V. K., Yarbrough, G. L., Russell, T. M., Borecky, C. M., McGahhey, R., Powell, J. L., Beavers, J., & Monte, E. (2002). The 100 Most Eminent Psychologists of the 20th Century. Review of General Psychology, 6(2), 139–152. https://doi.org/10.1037/1089-2680.6.2.139

He, F., Zheng, Y., Huang, H.-H., Cheng, Y.-H., & Wang, C.-Y. (2015). Association between Tourette Syndrome and the Dopamine D3 Receptor Gene Rs6280. Chinese Medical Journal, 128(5), 654-658. https://doi.org/10.4103/0366-6999.151665

Hebeisen, A. (1960). "The Performance of a Group of

Schizophrenic Patients on a Test of Creative Thinking". In: Torrance, E. (ed), Creativity: Second Minnesota Conference on gifted Children. Minneapolis, Minnesota Centre for Communication Study.

Heinzel, S., Riemer, T. G., Schulte, S., Onken, J., Heinz, A., & Rapp, M. A. (2014). Catechol-O-methyltransferase (COMT) genotype affects age-related changes in plasticity in working memory: a pilot study. BioMed research international, 2014, 414351. https://doi.org/10.1155/2014/414351

Higley, M. J., & Picciotto, M. R. (2014). Neuromodulation by acetylcholine: Examples from schizophrenia and depression. Current Opinion in Neurobiology, 29, 88-95. https://doi.org/10.1016/j.conb.2014.06.004

Hirsch, N. D. M. (1931). Genius and creative intelligence. Sci-Art.

Hosang, G. M., Fisher, H. L., Cohen-Woods, S., McGuffin, P., & Farmer, A. E. (2017). Stressful life events and catechol-O-methyltransferase (COMT) gene in bipolar disorder. Depression and Anxiety, 34(5), 419-426. https://doi.org/10.1002/da.22606

Howes, O., McCutcheon, R., & Stone, J. (2015). Glutamate and dopamine in schizophrenia: An update for the 21st century. Journal of psychopharmacology (Oxford, England), 29(2), 97-115. https://doi.org/10.1177/0269881114563634

Hranilovic, D., Blazevic, S., Stefulj, J., & Zill, P. (2016). DNA Methylation Analysis of HTR2A Regulatory Region in Leukocytes of Autistic Subjects. Autism Research: Official Journal of the International Society for Autism Research, 9(2), 204-209. https://doi.org/10.1002/aur.1519

Hsieh, P., Vollger, M. R., Dang, V., Porubsky, D., Baker, C., Cantsilieris, S., Hoekzema, K., Lewis, A. P., Munson, K. M., Sorensen, M., Kronenberg, Z. N., Murali, S., Nelson, B. J., Chiatante, G., Maggiolini, F. A. M., Blanché, H., Underwood, J. G., Antonacci, F., Deleuze, J.-F., & Eichler, E. E. (2019). Adaptive archaic introgression of copy number variants and the discovery of previously unknown human genes. Science, 366(6463). https://doi.org/10.1126/science.aax2083

Hsiung, G.-Y. R., Kaplan, B. J., Petryshen, T. L., Lu, S., & Field, L. L. (2004). A dyslexia susceptibility locus (DYX7) linked to dopamine D4 receptor (DRD4) region on chromosome 11p15.5. American Journal of Medical Genetics. Part B, Neuropsychiatric Genetics: The Official Publication of the International Society of Psychiatric Genetics, 125B(1), 112-119. https://doi.org/10.1002/ajmg.b.20082

Huang, X., Wang, M., Zhang, Q., Chen, X., & Wu, J. (2019). The role of glutamate receptors in attention-deficit/hyperactivity disorder: From physiology to disease. American Journal of Medical Genetics. Part B, Neuropsychiatric Genetics: The Official

Publication of the International Society of Psychiatric Genetics, 180(4), 272-286. https://doi.org/10.1002/ajmg.b.32726

Hubbard, E. M., & Ramachandran, V. S. (2005). Neurocognitive mechanisms of synesthesia. Neuron, 48(3), 509-520. https://doi.org/10.1016/j.neuron.2005.10.012

Hur, Y.-M., Jeong, H.-U., & Piffer, D. (2014). Shared genetic and environmental influences on self-reported creative achievement in art and science. Personality and Individual Differences, 68, 18–22. https://doi.org/10.1016/j.paid.2014.03.041

Iidaka, T., Kogata, T., Mano, Y., & Komeda, H. (2019). Thalamocortical Hyperconnectivity and Amygdala-Cortical Hypoconnectivity in Male Patients With Autism Spectrum Disorder. Frontiers in Psychiatry, 10. https://doi.org/10.3389/fpsyt.2019.00252

INSERM. (2005). Trouble des conduites chez l'enfant et l'adolescent. http://www.ipubli.inserm.fr/bitstream/handle/10608/140/expcol _2005_trouble.pdf?sequence=1

Jaarsma, P., & Welin, S. (2012). Autism as a Natural Human Variation: Reflections on the Claims of the Neurodiversity Movement. Health Care Analysis, 20(1), 20-30. https://doi.org/10.1007/s10728-011-0169-9

Jaffee, S. R., & Price, T. S. (2008). Genotype-environment correlations: implications for determining the relationship between environmental exposures and psychiatric illness. Psychiatry, 7(12), 496–499. https://doi.org/10.1016/j.mppsy.2008.10.002

Jensen, A. R. (1998). Human evolution, behavior, and intelligence. The g factor: The science of mental ability. Praeger Publishers/Greenwood Publishing Group.

Jin, Z., Zang, Y. F., Zeng, Y. W., Zhang, L., & Wang, Y. F. (2001). Striatal neuronal loss or dysfunction and choline rise in children with attention-deficit hyperactivity disorder: A 1H-magnetic resonance spectroscopy study. Neuroscience Letters, 315(1-2), 45-48. https://doi.org/10.1016/s0304-3940(01)02315-1

Johnson, S. L., Murray, G., Fredrickson, B., Youngstrom, E. A., Hinshaw, S., Bass, J. M., Deckersbach, T., Schooler, J., & Salloum, I. (2012). Creativity and bipolar disorder: Touched by fire or burning with questions? Clinical Psychology Review, 32(1), 1-12. https://doi.org/10.1016/j.cpr.2011.10.001

Johnson, S. L., Tharp, J. A., & Holmes, M. K. (2015). Understanding creativity in bipolar I disorder. Psychology of Aesthetics, Creativity, and the Arts, 9(3), 319-327. https://doi.org/10.1037/a0038852

Kahneman, D. (2011). Thinking, Fast and Slow. Farrar, Straus and

Giroux.

Kamal, M. M., Nady, G. H. E., Abushady, A. M., & Khalil, M. F. M. (2017). Association of dopamine D4 receptor gene variants with autism. International Journal of Research in Medical Sciences, 3(10), 2658-2663. https://doi.org/10.18203/2320-6012.ijrms20150809

Kanaan, A. S., Gerasch, S., García-García, I., Lampe, L., Pampel, A., Anwander, A., Near, J., Möller, H. E., & Müller-Vahl, K. (2017). Pathological glutamatergic neurotransmission in Gilles de la Tourette syndrome. Brain, 140(1), 218-234. https://doi.org/10.1093/brain/aww285

Kandaswamy, R., McQuillin, A., Curtis, D., & Gurling, H. (2014). Allelic association, DNA resequencing and copy number variation at the metabotropic glutamate receptor GRM7 gene locus in bipolar disorder. American Journal of Medical Genetics Part B: Neuropsychiatric Genetics, 165(4), 365-372. https://doi.org/10.1002/ajmg.b.32239

Kandler, C., Riemann, R., Angleitner, A., Spinath, F. M., Borkenau, P., & Penke, L. (2016, January 21). The Nature of Creativity: The Roles of Genetic Factors, Personality Traits, Cognitive Abilities, and Environmental Sources. Journal of Personality and Social Psychology. Advance online publication. http://dx.doi.org/10.1037/pspp0000087

Kapp, S. K., Gillespie-Lynch, K., Sherman, L. E., & Hutman, T. (2013). Deficit, difference, or both? Autism and neurodiversity. Developmental Psychology, 49(1), 59-71. https://doi.org/10.1037/a0028353

Karabanov, A., Cervenka, S., de Manzano, O., Forssberg, H., Farde, L., & Ullén, F. (2010). Dopamine D2 receptor density in the limbic striatum is related to implicit but not explicit movement sequence learning. Proceedings of the National Academy of Sciences of the United States of America, 107(16), 7574–7579. https://doi.org/10.1073/pnas.0911805107

Karpinski, R. I., Kolb, A. M. K., Tetreault, N. A., & Borowski, T. B. (2018). High intelligence: A risk factor for psychological and physiological overexcitabilities. Intelligence, 66, 8–23. https://doi.org/10.1016/j.intell.2017.09.001

Karvat, G., & Kimchi, T. (2014). Acetylcholine elevation relieves cognitive rigidity and social deficiency in a mouse model of autism. Neuropsychopharmacology: Official Publication of the American College of Neuropsychopharmacology, 39(4), 831-840. https://doi.org/10.1038/npp.2013.274

Katz, A. N. (1983). Creativity and Individual Differences in Asymmetric Cerebral Hemispheric Functioning. Empirical Studies of the Arts, 1(1), 3–16. https://doi.org/10.1002/j.2162-

6057.1978.tb00173.x

Kaufman, A. B., Kornilov, S. A ., Bristol, A. S., Tan, M., & Grigorenko, E. L. (2010). The neurobiological foundation of creative cognition. In J. C. Kaufman & R. J. Sternberg (Eds.), The Cambridge handbook of creativity (p. 216–232). Cambridge University Press. https://doi.org/10.1017/CBO9780511763205.014

Kaufman, J. C., & Baer, J. (2005). The Amusement Park Theory of Creativity. In J. C. Kaufman & J. Baer (Eds.), Creativity across domains: Faces of the muse (p. 321–328). Lawrence Erlbaum Associates Publishers.

Kaufman, J. C., & Beghetto, R. A. (2009). Beyond big and little: The four c model of creativity. Review of General Psychology, 13(1), 1–12. https://doi.org/10.1037/a0013688

Kaufman, J. C. (Éd.). (2014). Creativity and Mental Illness. Cambridge University Press.

Kaufman, R. E., Ostacher, M. J., Marks, E. H., Simon, N. M., Sachs, G. S., Jensen, J. E., Renshaw, P. F., & Pollack, M. H. (2009). Brain GABA levels in patients with bipolar disorder. Progress in Neuro-Psychopharmacology & Biological Psychiatry, 33(3), 427-434. https://doi.org/10.1016/j.pnpbp.2008.12.025

Kéri S. (2009). Genes for psychosis and creativity: a promoter polymorphism of the neuregulin 1 gene is related to creativity in people with high intellectual achievement. Psychological science, 20(9), 1070–1073. https://doi.org/10.1111/j.1467-9280.2009.02398.x

Kern, J. K., Geier, D. A., Sykes, L. K., Geier, M. R., & Deth, R. C. (2015). Are ASD and ADHD a Continuum? A Comparison of Pathophysiological Similarities Between the Disorders. Journal of attention disorders, 19(9), 805–827. https://doi.org/10.1177/1087054712459886

Keynes, M. (2008). Balancing Newton's mind: his singular behaviour and his madness of 1692-93. Notes and records of the Royal Society of London, 62(3), 289–300. https://doi.org/10.1098/rsnr.2007.0025

Khalil, R., Godde, B., & Karim, A. A. (2019). The Link Between Creativity, Cognition, and Creative Drives and Underlying Neural Mechanisms. Frontiers in neural circuits, 13, 18. https://doi.org/10.3389/fncir.2019.00018

Killeen, P. R. (2013). Absent without leave; a neuroenergetic theory of mind wandering. Frontiers in Psychology, 4. https://doi.org/10.3389/fpsyg.2013.00373

Klimkeit, E. I., & Bradshaw, J. L. (2006). Anomalous Lateralisation in Neurodevelopmental Disorders. Cortex, 42(1), 113-116. https://doi.org/10.1016/S0010-9452(08)70334-4

Kondo, H. M., Nomura, M., & Kashino, M. (2015). Different Roles of COMT and HTR2A Genotypes in Working Memory Subprocesses. PloS one, 10(5), e0126511. https://doi.org/10.1371/journal.pone.0126511

Konradi, C., Zimmerman, E. I., Yang, C. K., Lohmann, K. M., Gresch, P., Pantazopoulos, H., Berretta, S., & Heckers, S. (2011). Hippocampal interneurons in bipolar disorder. Archives of general psychiatry, 68(4), 340–350. https://doi.org/10.1001/archgenpsychiatry.2010.175

Korn-Brzoza, D. (Réalisateur). (2019). Sciences nazies - La race, le sol et le sang. Arte.

Kossowski, B., Chyl, K., Kacprzak, A., Bogorodzki, P., & Jednoróg, K. (2019). Dyslexia and age related effects in the neurometabolites concentration in the visual and temporo-parietal cortex. Scientific Reports, 9(1), 1-11. https://doi.org/10.1038/s41598-019-41473-x

Kozbelt, A., Beghetto, R. A., & Runco, M. A. (2010). Theories of creativity. In J. C. Kaufman & R. J. Sternberg (Eds.), The Cambridge handbook of creativity (p. 20–47). Cambridge University Press. https://doi.org/10.1017/CBO9780511763205.004

Kraemmer, J., Smith, K., Weintraub, D., Guillemot, V., Nalls, M. A., Cormier-Dequaire, F., Moszer, I., Brice, A., Singleton, A. B., & Corvol, J.-C. (2016). Clinical-genetic model predicts incident impulse control disorders in Parkinson's disease. Journal of neurology, neurosurgery, and psychiatry, 87(10), 1106-1111. https://doi.org/10.1136/jnnp-2015-312848

Krapohl, E., Rimfeld, K., Shakeshaft, N. G., Trzaskowski, M., McMillan, A., Pingault, J. B., Asbury, K., Harlaar, N., Kovas, Y., Dale, P. S., & Plomin, R. (2014). The high heritability of educational achievement reflects many genetically influenced traits, not just intelligence. Proceedings of the National Academy of Sciences of the United States of America, 111(42), 15273–15278. https://doi.org/10.1073/pnas.1408777111

Kudlow, P. (2013). The perils of diagnostic inflation. CMAJ: Canadian Medical Association Journal, 185(1), E25-E26. https://doi.org/10.1503/cmaj.109-4371

Kuhn, D. M., Sykes, C. E., Geddes, T. J., Jaunarajs, K. L. E., & Bishop, C. (2011). Tryptophan hydroxylase 2 aggregates through disulfide cross-linking upon oxidation: Possible link to serotonin deficits and non-motor symptoms in Parkinson's disease. Journal of Neurochemistry, 116(3), 426-437. https://doi.org/10.1111/j.1471-4159.2010.07123.x

Kushki, A., Anagnostou, E., Hammill, C. et al. Examining overlap and homogeneity in ASD, ADHD, and OCD: a data-driven, diagnosis-agnostic approach. Transl Psychiatry 9, 318 (2019). https://doi.org/10.1038/s41398-019-0631-2

Kyaga, S., Lichtenstein, P., Boman, M., Hultman, C., Långström, N., & Landén, M. (2011). Creativity and mental disorder: Family study of 300 000 people with severe mental disorder. The British Journal of Psychiatry, 199(5), 373-379. https://doi.org/10.1192/bjp.bp.110.085316

Kyaga, S. (2018). A Heated Debate: Time to Address the Underpinnings of the Association between Creativity and Psychopathology? In R. Jung & O. Vartanian (Eds.), The Cambridge Handbook of The Neuroscience of Creativity. (p. 114-135). Cambridge University Press.

Lagerkvist B. (2002). Karl XII hade alla symtom på Aspergers syndrom: envishet, ett inrutat leverne och brist på medkänsla med andra [Charles XII had all symptoms of Asperger syndrome: stubbornness, a stereotyped existence and lack of compassion]. Lakartidningen, 99(48), 4874–4878.

Land, G., Jarman, B. (1992). Breakpoint and beyond: mastering the future today. Harper.

Larivée, S. (2014). Quand le paranormal manipule la science :

comment retrouver l'esprit critique. Presses Universitaires de Grenoble.

Lebuda, I., Zabelina, D. L., & Karwowski, M. (2016). Mind full of ideas: A meta-analysis of the mindfulness–creativity link. Personality and Individual Differences, 93, 22–26. https://doi.org/10.1016/j.paid.2015.09.040

Lee, J.-Y., Jeon, B. S., Kim, H.-J., & Park, S.-S. (2012). Genetic variant of HTR2A associates with risk of impulse control and repetitive behaviors in Parkinson's disease. Parkinsonism & Related Disorders, 18(1), 76-78. https://doi.org/10.1016/j.parkreldis.2011.08.009

Leipold, S., Klein, C., & Jäncje, L. (2021). Musical expertise shapes functional and structural brain networks independent of absolute pitch ability. Journal of Neuroscience, JN-RM-1985-20. http://doi.org/10.1523/JNEUROSCI.1985-20.2020

Leung, A. K.-y., Maddux, W. W., Galinsky, A. D., & Chiu, C.-y. (2008). Multicultural experience enhances creativity: The when and how. American Psychologist, 63(3), 169–181. https://doi.org/10.1037/0003-066X.63.3.169

Li, J., Zhao, L., You, Y., Lu, T., Jia, M., Yu, H., Ruan, Y., Yue, W., Liu, J., Lu, L., Zhang, D., & Wang, L. (2015). Schizophrenia Related Variants in CACNA1C also Confer Risk of Autism. PloS one, 10(7), e0133247. https://doi.org/10.1371/journal.pone.0133247

Li, N. P., & Kanazawa, S. (2016). Country roads, take me home… to my friends: How intelligence, population density, and friendship affect modern happiness. British journal of psychology (London, England: 1953), 107(4), 675–697. https://doi.org/10.1111/bjop.12181

Li, W., Ju, K., Li, Z., He, K., Chen, J., Wang, Q., Yang, B., An, L., Feng, G., Sun, W., Zhou, J., Zhang, S., Song, P., Khan, R. A. W., Ji, W., & Shi, Y. (2016). Significant association of GRM7 and GRM8 genes with schizophrenia and major depressive disorder in the Han Chinese population. European Neuropsychopharmacology: The Journal of the European College of Neuropsychopharmacology, 26(1), 136-146. https://doi.org/10.1016/j.euroneuro.2015.05.004

Lin, W.-L., Hsu, K.-Y., Chen, H.-C., & Chang, W. (2013). Different attentional traits, different creativities. Thinking Skills and Creativity, 9, 96-106. https://doi.org/10.1016/j.tsc.2012.10.002

Liu, Y., Zhang, Y., Zhao, D., Dong, R., Yang, X., Tammimies, K., Uddin, M., Scherer, S. W., & Gai, Z. (2015). Rare de novo deletion of metabotropic glutamate receptor 7 (GRM7) gene in a patient with autism spectrum disorder. American Journal of Medical Genetics. Part B, Neuropsychiatric Genetics: The Official Publication of the International Society of Psychiatric Genetics, 168B(4), 258-264. https://doi.org/10.1002/ajmg.b.32306

Liu, C., Everall, I., Pantelis, C., & Bousman, C. (2019). Interrogating the Evolutionary Paradox of Schizophrenia: A Novel Framework and Evidence Supporting Recent Negative Selection of Schizophrenia Risk Alleles. Frontiers in Genetics, 10. https://doi.org/10.3389/fgene.2019.00389

Łowicki, P., Zajenkowski, M., & van der Linden, D. (2020). The Interplay Between Cognitive Intelligence, Ability Emotional Intelligence, and Religiosity. Journal of religion and health, 59(5), 2556–2576. https://doi.org/10.1007/s10943-019-00953-0

Lozovaya, N., Eftekhari, S., Cloarec, R., Gouty-Colomer, L. A., Dufour, A., Riffault, B., Billon-Grand, M., Pons-Bennaceur, A., Oumar, N., Burnashev, N., Ben-Ari, Y., & Hammond, C. (2018). GABAergic inhibition in dual-transmission cholinergic and GABAergic striatal interneurons is abolished in Parkinson disease. Nature Communications, 9(1), 1-14. https://doi.org/10.1038/s41467-018-03802-y

Lu, A. T., Dai, X., Martinez-Agosto, J. A., & Cantor, R. M. (2012). Support for calcium channel gene defects in autism spectrum disorders. Molecular autism, 3(1), 18. https://doi.org/10.1186/2040-2392-3-18

Lubart, T. I. (1990). Creativity and Cross-Cultural Variation. International Journal of Psychology. 25(1), 39-59. https://doi.org/10.1080/00207599008246813

Lubart, T. I. (2001). Models of the Creative Process: Past, Present and Future. Creativity Research Journal, 13(3-4), 295-308. https://doi.org/10.1207/S15326934CRJ1334_07

Lubart, T., Mouchiroud, C., Tordjman, S., & Zenasni, F. (2015). Psychologie de la créativité (2e éd.). Armand Colin.

Lyons, V., & Fitzgeral, M. (2013). Critical Evaluation of the Concept of Autistic Creativity. In M. Fitzgerald (Éd.), Recent Advances in Autism Spectrum Disorders—Volume I. InTech. https://doi.org/10.5772/54465

Ma, I., van Holstein, M., Mies, G. W., Mennes, M., Buitelaar, J., Cools, R., Cillessen, A. H. N., Krebs, R. M., & Scheres, A. (2016). Ventral striatal hyperconnectivity during rewarded interference control in adolescents with ADHD. Cortex; a Journal Devoted to the Study of the Nervous System and Behavior, 82, 225-236. https://doi.org/10.1016/j.cortex.2016.05.021

MacCabe, J. H., Lambe, M. P., Cnattingius, S., Sham, P. C., David, A. S., Reichenberg, A., Murray, R. M., & Hultman, C. M. (2010). Excellent school performance at age 16 and risk of adult bipolar disorder: national cohort study. The British journal of psychiatry: the journal of mental science, 196(2), 109–115. https://doi.org/10.1192/bjp.bp.108.060368

Maltezos, S., Horder, J., Coghlan, S., Skirrow, C., O'Gorman, R., Lavender, T. J., Mendez, M. A., Mehta, M., Daly, E., Xenitidis, K., Paliokosta, E., Spain, D., Pitts, M., Asherson, P., Lythgoe, D. J., Barker, G. J., & Murphy, D. G. (2014). Glutamate/glutamine and neuronal integrity in adults with ADHD: A proton MRS study. Translational Psychiatry, 4(3), e373-e373. https://doi.org/10.1038/tp.2014.11

Manouilenko, I., & Bejerot, S. (2015). Sukhareva--Prior to Asperger and Kanner. Nordic journal of psychiatry, 69(6), 479–482. https://doi.org/10.3109/08039488.2015.1005022

Mayes, R., Bagwell, C., & Erkulwater, J. L. (2009). Medicating Children: ADHD and Pediatric Mental Health. Harvard University Press.

Mayseless, N., Uzefovsky, F., Shalev, I., Ebstein, R. P., & Shamay-Tsoory, S. G. (2013). The association between creativity and 7R polymorphism in the dopamine receptor D4 gene (DRD4). Frontiers in human neuroscience, 7, 502. https://doi.org/10.3389/fnhum.2013.00502

McWade, B., Milton, D., & Beresford, P. (2015). Mad studies and neurodiversity: A dialogue. Disability & Society, 30(2), 305-309. https://doi.org/10.1080/09687599.2014.1000512

Mendez, M. A., Horder, J., Myers, J., Coghlan, S., Stokes, P.,

Erritzoe, D., Howes, O., Lingford-Hughes, A., Murphy, D., & Nutt, D. (2013). The brain GABA-benzodiazepine receptor alpha-5 subtype in autism spectrum disorder: A pilot [11C]Ro15-4513 positron emission tomography study. Neuropharmacology, 68, 195-201. https://doi.org/10.1016/j.neuropharm.2012.04.008

Meyer, C. (dir.). (2005). Le livre noir de la psychanalyse. Les Arènes.

Michéa, J.C. (1999). L'Enseignement de l'ignorance et ses conditions modernes. Climats.

Michels, L., O'Gorman, R., & Kucian, K. (2018). Functional hyperconnectivity vanishes in children with developmental dyscalculia after numerical intervention. Developmental Cognitive Neuroscience, 30, 291-303. https://doi.org/10.1016/j.dcn.2017.03.005

Mick, E., & Faraone, S. V. (2008). Genetics of Attention Deficit Hyperactivity Disorder. Child and Adolescent Psychiatric Clinics of North America, 17(2), 261-284. https://doi.org/10.1016/j.chc.2007.11.011

Milton, D. (2012) On the ontological status of autism: the 'double empathy problem', Disability & Society, 27:6, 883-887. http://doi.org/10.1080/09687599.2012.710008

Milton, D. (2017, septembre 28). Going with the flow: Autism and 'flow states'. Enhancing Lives – reducing restrictive practices', Basingstoke, UK. https://kar.kent.ac.uk/63699/

Mishara, A. L., & Schwartz, M. A. (2011). Altered states of consciousness as paradoxically healing: An embodied social neuroscience perspective. In E. Cardeña & M. Winkelman (Eds.), Altering consciousness: Multidisciplinary perspectives: History, culture, and the humanities; Biological and psychological perspectives (p. 327–353). Praeger/ABC-CLIO.

Miskowiak, K. W., Kjaerstad, H. L., Støttrup, M. M., Svendsen, A. M., Demant, K. M., Hoeffding, L. K., Werge, T. M., Burdick, K. E., Domschke, K., Carvalho, A. F., Vieta, E., Vinberg, M., Kessing, L. V., Siebner, H. R., & Macoveanu, J. (2017). The catechol-O-methyltransferase (COMT) Val158Met genotype modulates working memory-related dorsolateral prefrontal response and performance in bipolar disorder. Bipolar disorders, 19(3), 214–224. https://doi.org/10.1111/bdi.12497

Miyake, A., Friedman, N. P., Emerson, M. J., Witzki, A. H., Howerter, A., & Wager, T. D. (2000). The unity and diversity of executive functions and their contributions to complex "Frontal Lobe" tasks: a latent variable analysis. Cognitive psychology, 41(1), 49–100. https://doi.org/10.1006/cogp.1999.0734

Mizuno, Y., Jung, M., Fujisawa, T. X., Takiguchi, S., Shimada, K., Saito, D. N., Kosaka, H., & Tomoda, A. (2017). Catechol-O-methyltransferase polymorphism is associated with the cortico-cerebellar functional connectivity of executive function in children with attention-deficit/hyperactivity disorder. Scientific Reports, 7(1), 1-8. https://doi.org/10.1038/s41598-017-04579-8

Möhler, H., & Rudolph, U. (2017). Disinhibition, an emerging pharmacology of learning and memory. F1000Research, 6, F1000 Faculty Rev-101. https://doi.org/10.12688/f1000research.9947.1

Moon, A. L., Haan, N., Wilkinson, L. S., Thomas, K. L., & Hall, J. (2018). CACNA1C: Association With Psychiatric Disorders, Behavior, and Neurogenesis. Schizophrenia bulletin, 44(5), 958–965. https://doi.org/10.1093/schbul/sby096

Mori, T., Mori, K., Fujii, E., Toda, Y., Miyazaki, M., Harada, M., Hashimoto, T., & Kagami, S. (2012). Evaluation of the GABAergic nervous system in autistic brain: 123I-iomazenil SPECT study. Brain and Development, 34(8), 648-654. https://doi.org/10.1016/j.braindev.2011.10.007

Mössner, R., Müller-Vahl, K. R., Döring, N., & Stuhrmann, M. (2007). Role of the novel tryptophan hydroxylase-2 gene in Tourette syndrome. Molecular Psychiatry, 12(7), 617-619. https://doi.org/10.1038/sj.mp.4002004

Mottron L. (2016). L'autisme, une autre intelligence [Is autism a different kind of intelligence? New insights from cognitive neurosciences]. Bulletin de l'Academie nationale de medecine, 200(3), 423–434.

Mottron L. (2017). L'autisme : une autre intelligence, Diagnostic, cognition et support des personnes autistes sans déficience intellectuelle. Mardaga.

Mottron, L. (2021). Asperger Syndrome. In Paul, R. H., Salminen, L. E., Heaps, J. & Cohen, L. M. (Eds). (2021). The Wiley Encyclopedia of Health Psychology. (p. 187-196). Wiley Blackwell. https://doi.org/10.1002/9781119057840.ch22

Mottron, L., Bouvet, L., Bonnel, A., Samson, F., Burack, J. A., Dawson, M., & Heaton, P. (2013). Veridical mapping in the development of exceptional autistic abilities. Neuroscience and Biobehavioral Reviews, 37(2), 209–228. https://doi.org/10.1016/j.neubiorev.2012.11.016

Moya, P. R., Wendland, J. R., Rubenstein, L. M., Timpano, K. R., Heiman, G. A., Tischfield, J. A., King, R. A., Andrews, A. M., Ramamoorthy, S., McMahon, F. J., & Murphy, D. L. (2013). Common and rare alleles of the serotonin transporter gene, SLC6A4, associated with Tourette's disorder. Movement Disorders: Official Journal of the Movement Disorder Society, 28(9), 1263-1270. https://doi.org/10.1002/mds.25460

Mozzi, A., Forni, D., Cagliani, R., Pozzoli, U., Clerici, M., & Sironi,

M. (2017). Distinct selective forces and Neanderthal introgression shaped genetic diversity at genes involved in neurodevelopmental disorders. Scientific Reports, 7(1), 1-17. https://doi.org/10.1038/s41598-017-06440-4

Murphy, E., & Benítez-Burraco, A. (2018). Paleo-oscillomics: inferring aspects of Neanderthal language abilities from gene regulation of neural oscillations. Journal of anthropological sciences = Rivista di antropologia : JASS, 96, 111–124. https://doi.org/10.4436/JASS.96010

Murray, E. D., Cunningham, M. G., & Price, B. H. (2012). The role of psychotic disorders in religious history considered. The Journal of neuropsychiatry and clinical neurosciences, 24(4), 410–426. https://doi.org/10.1176/appi.neuropsych.11090214

Nader, A. M., Jelenic, P., & Soulières, I. (2015). Discrepancy between WISC-III and WISC-IV Cognitive Profile in Autism Spectrum: What Does It Reveal about Autistic Cognition?. PloS one, 10(12), e0144645. https://doi.org/10.1371/journal.pone.0144645

Nader, A. M., Courchesne, V., Dawson, M., & Soulières, I. (2016). Does WISC-IV Underestimate the Intelligence of Autistic Children?. Journal of autism and developmental disorders, 46(5), 1582–1589. https://doi.org/10.1007/s10803-014-2270-z

Nagamitsu, S., Yamashita, Y., Tanigawa, H., Chiba, H., Kaida, H.,

Ishibashi, M., Kakuma, T., Croarkin, P. E., & Matsuishi, T. (2015). Upregulated GABA Inhibitory Function in ADHD Children with Child Behavior Checklist–Dysregulation Profile: 123I-Iomazenil SPECT Study. Frontiers in Psychiatry, 6. https://doi.org/10.3389/fpsyt.2015.00084

Neanderthal and Denisovan gene activity not like ours. (2014). New Scientist, 222(2966), 17. https://doi.org/10.1016/S0262-4079(14)60818-6

Nemoto, T., Mizuno, M., & Kashima, H. (2005). Qualitative Evaluation of Divergent Thinking in Patients with Schizophrenia. Behavioural Neurology, 16(4), 217-224. https://doi.org/10.1155/2005/386932

Nho, K., Ramanan, V. K., Horgusluoglu, E., Kim, S., Inlow, M. H., Risacher, S. L., McDonald, B. C., Farlow, M. R., Foroud, T. M., Gao, S., Callahan, C. M., Hendrie, H. C., Niculescu, A. B., Saykin, A. J., & Alzheimer's Disease Neuroimaging Initiative (ADNI). (2015). Comprehensive gene- and pathway-based analysis of depressive symptoms in older adults. Journal of Alzheimer's Disease: JAD, 45(4), 1197-1206. https://doi.org/10.3233/JAD-148009

Nichols, R., Loehlin, J. (1976). Heredity, Environment, & Personality: A Study of 850 Sets of Twins. University of Texas Press.

Nietzsche, F. (1976). Œuvres philosophiques complètes, XIII :

Fragments posthumes : (Automne 1887 - Mars 1888). Gallimard.

Niu, W., Huang, X., Yu, T., Chen, S., Li, X., Wu, X., Cao, Y., Zhang, R., Bi, Y., Yang, F., Wang, L., Li, W., Xu, Y., He, L., & He, G. (2015). Association study of GRM7 polymorphisms and schizophrenia in the Chinese Han population. Neuroscience Letters, 604, 109-112. https://doi.org/10.1016/j.neulet.2015.07.047

Noroozi, R., Taheri, M., Movafagh, A., Mirfakhraie, R., Solgi, G., Sayad, A., Mazdeh, M., & Darvish, H. (2016). Glutamate receptor, metabotropic 7 (GRM7) gene variations and susceptibility to autism: A case-control study. Autism Research: Official Journal of the International Society for Autism Research, 9(11), 1161-1168. https://doi.org/10.1002/aur.1640

Northoff, G. (2014). Glutamate, GABA, and "Inner Time and Space Consciousness". In G. Northoff (author), Unlocking the Brain : Volume 2 : Consciousness (p. 91-118). Oxford Scholarship Online. https://doi.org/10.1093/acprof:oso/9780199826995.001.0001

O'Donnell, K. J., Glover, V., Lahti, J., Lahti, M., Edgar, R. D., Räikkönen, K., & O'Connor, T. G. (2017). Maternal prenatal anxiety and child COMT genotype predict working memory and symptoms of ADHD. PloS one, 12(6), e0177506. https://doi.org/10.1371/journal.pone.0177506

Oblak, A. L., Gibbs, T. T., & Blatt, G. J. (2010). Decreased

GABA(B) receptors in the cingulate cortex and fusiform gyrus in autism. Journal of Neurochemistry, 114(5), 1414-1423. https://doi.org/10.1111/j.1471-4159.2010.06858.x

Oblak, A. L., Gibbs, T. T., & Blatt, G. J. (2011). Reduced GABAA receptors and benzodiazepine binding sites in the posterior cingulate cortex and fusiform gyrus in autism. Brain research, 1380, 218-228. https://doi.org/10.1016/j.brainres.2010.09.021

Ochoa, E. L. M., & Lasalde-Dominicci, J. (2007). Cognitive Deficits in Schizophrenia: Focus on Neuronal Nicotinic Acetylcholine Receptors and Smoking. Cellular and molecular neurobiology, 27(5), 609-639. https://doi.org/10.1007/s10571-007-9149-x

Otaiku A. I. (2018). Did René Descartes Have Exploding Head Syndrome?. Journal of clinical sleep medicine: JCSM: official publication of the American Academy of Sleep Medicine, 14(4), 675–678. https://doi.org/10.5664/jcsm.7068

Park, T. W., Park, Y. H., Kwon, H. J., & Lim, M. H. (2013). Association Between TPH2 Gene Polymorphisms and Attention Deficit Hyperactivity Disorder in Korean Children. Genetic Testing and Molecular Biomarkers, 17(4), 301-306. https://doi.org/10.1089/gtmb.2012.0376

Park, S., Lee, J.-M., Kim, J.-W., Cho, D.-Y., Yun, H. J., Han, D. H., Cheong, J. H., & Kim, B.-N. (2015). Associations between serotonin transporter gene (SLC6A4) methylation and clinical characteristics and cortical thickness in children with ADHD. Psychological Medicine, 45(14), 3009-3017. https://doi.org/10.1017/S003329171500094X

Paschou, P., Fernandez, T. V., Sharp, F., Heiman, G. A., & Hoekstra, P. J. (2013). Genetic Susceptibility and Neurotransmitters in Tourette Syndrome. International review of neurobiology, 112, 155-177. https://doi.org/10.1016/B978-0-12-411546-0.00006-8

Perry, E., Walker, M., Grace, J., & Perry, R. (1999). Acetylcholine in mind: A neurotransmitter correlate of consciousness? Trends in Neurosciences, 22(6), 273-280. https://doi.org/10.1016/s0166-2236(98)01361-7

Petty, F., Kramer, G. L., Fulton, M., Moeller, F. G., & Rush, A. J. (1993). Low plasma GABA is a trait-like marker for bipolar illness. Neuropsychopharmacology: Official Publication of the American College of Neuropsychopharmacology, 9(2), 125-132. https://doi.org/10.1038/npp.1993.51

Peter, L. J., Hull, R. (1984). Le principe de Peter, ou pourquoi tout va toujours mal. Stock.

Pitts, M. A., Lutsyshyna, L. A., & Hillyard, S. A. (2018). The relationship between attention and consciousness: An expanded taxonomy and implications for 'no-report' paradigms. Philosophical

Transactions of the Royal Society B: Biological Sciences, 373(1755), 20170348. https://doi.org/10.1098/rstb.2017.0348

Pizzarelli, R., & Cherubini, E. (2011). Alterations of GABAergic Signaling in Autism Spectrum Disorders. Neural Plasticity, 2011. https://doi.org/10.1155/2011/297153

Plomin, R. (2018). Blueprint, How DNA makes us who we are. Penguin Science.

Polan, M. B., Pastore, M. T., Steingass, K., Hashimoto, S., Thrush, D. L., Pyatt, R., Reshmi, S., Gastier-Foster, J. M., Astbury, C., & McBride, K. L. (2014). Neurodevelopmental disorders among individuals with duplication of 4p13 to 4p12 containing a GABAA receptor subunit gene cluster. European Journal of Human Genetics, 22(1), 105-109. https://doi.org/10.1038/ejhg.2013.99

Power, R. A., Steinberg, S., Bjornsdottir, G., Rietveld, C. A., Abdellaoui, A., Nivard, M. M., Johannesson, M., Galesloot, T. E., Hottenga, J. J., Willemsen, G., Cesarini, D., Benjamin, D. J., Magnusson, P. K., Ullén, F., Tiemeier, H., Hofman, A., van Rooij, F. J., Walters, G. B., Sigurdsson, E., Thorgeirsson, T. E., ... Stefansson, K. (2015). Polygenic risk scores for schizophrenia and bipolar disorder predict creativity. Nature neuroscience, 18(7), 953–955. https://doi.org/10.1038/nn.4040

Prisciandaro, J. J., Tolliver, B. K., Prescot, A. P., Brenner, H. M.,

Renshaw, P. F., Brown, T. R., & Anton, R. F. (2017). Unique prefrontal GABA and glutamate disturbances in co-occurring bipolar disorder and alcohol dependence. Translational Psychiatry, 7(7), e1163. https://doi.org/10.1038/tp.2017.141

Robertson, C. E., Ratai, E.-M., & Kanwisher, N. (2016). Reduced GABAergic Action in the Autistic Brain. Current Biology: CB, 26(1), 80-85. https://doi.org/10.1016/j.cub.2015.11.019

Pugh, K. R., Frost, S. J., Rothman, D. L., Hoeft, F., Del Tufo, S. N., Mason, G. F., Molfese, P. J., Mencl, W. E., Grigorenko, E. L., Landi, N., Preston, J. L., Jacobsen, L., Seidenberg, M. S., & Fulbright, R. K. (2014). Glutamate and choline levels predict individual differences in reading ability in emergent readers. The Journal of Neuroscience: The Official Journal of the Society for Neuroscience, 34(11), 4082-4089. https://doi.org/10.1523/JNEUROSCI.3907-13.2014

Raja, M. (2015). Did Mozart suffer from Asperger syndrome? Journal of Medical Biography, 23(2), 84-92. https://doi.org/10.1177/0967772013503763

Reiersen, A. M., & Todorov, A. A. (2011). Association between DRD4 genotype and Autistic Symptoms in DSM-IV ADHD. Journal of the Canadian Academy of Child and Adolescent Psychiatry, 20(1), 15-21.

Renzulli, J. S. (1978). What Makes Giftedness? Reexamining a Definition. Phi Delta Kappan, 60(3), 180-184.

https://doi.org/10.1177/003172171109200821

Renzulli, J. (1985). The Schoolwide Enrichment Model A How-To Guide for Educational Excellence. Creative Learning Press.

Reuter, M., Panksepp, J., Schnabel, N., Kellerhoff, N., Kempel, P., & Hennig, J. (2005). Personality and Biological Markers of Creativity. European Journal of Personality, 19(2), 83–95. https://doi.org/10.1002/per.534

Reuter, M., Roth, S., Holve, K., & Hennig, J. (2006). Identification of first candidate genes for creativity: a pilot study. Brain research, 1069(1), 190–197. https://doi.org/10.1016/j.brainres.2005.11.046

Reuter, M., Frenzel, C., Walter, N. T., Markett, S., & Montag, C. (2011). Investigating the genetic basis of altruism: the role of the COMT Val158Met polymorphism. Social cognitive and affective neuroscience, 6(5), 662–668. https://doi.org/10.1093/scan/nsq083

Reznikoff, M., Domino, G., Bridges, C., & Honeyman, M. (1973). Perceptions of Alikeness and Attitudes toward Being a Twin: Comparison of Identical and Fraternal Twin Pairs. Perceptual and Motor Skills, 37(1), 103–106. https://doi.org/10.2466/pms.1973.37.1.103

Rhodes, M. (1961). An Analysis of Creativity. The Phi Delta Kappan, 42(7), 305-310. http://www.jstor.org/stable/20342603

Riedel, A., Maier, S., Wenzler, K. et al. A case of co-occuring synesthesia, autism, prodigious talent and strong structural brain connectivity. BMC Psychiatry 20, 342 (2020). https://doi.org/10.1186/s12888-020-02722-w

Robert, S. (Réalisatrice). (2011). Le Mur ou la psychanalyse à l'épreuve de l'autisme. Océan Invisible Productions.

Robertson, B. D., Al Jaja, A. S., MacDonald, A. A., Hiebert, N. M., Tamjeedi, R., Seergobin, K. N., Schwarz, U. I., Kim, R. B., & MacDonald, P. A. (2018). SLC6A3 Polymorphism Predisposes to Dopamine Overdose in Parkinson's Disease. Frontiers in Neurology, 9. https://doi.org/10.3389/fneur.2018.00693

Rodrigue, A. L., & Perkins, D. R. (2012). Divergent Thinking Abilities across the Schizophrenic Spectrum and Other Psychological Correlates. Creativity Research Journal, 24, 163-168. https://doi.org/10.1080/10400419.2012.677315

Roe, A. (1960). CRUCIAL LIFE EXPERIENCES IN THE DEVELOPMENT OF SCIENTISTS. In E. P. Torrance (Ed.), Talent and Education: Present Status and Future Directions (p. 66-78). University of Minnesota Press.

Ronell, A. (2006). Stupidity. Seuil.

Roth, V. (2011). Divergente. Nathan.

Sacks O. (2001). Henry Cavendish: an early case of Asperger's syndrome?. Neurology, 57(7), 1347. https://doi.org/10.1212/wnl.57.7.1347

Samson, F., Hyde, K. L., Bertone, A., Soulières, I., Mendrek, A., Ahad, P., Mottron, L., & Zeffiro, T. A. (2011). Atypical processing of auditory temporal complexity in autistics. Neuropsychologia, 49(3), 546–555. https://doi.org/10.1016/j.neuropsychologia.2010.12.033

Sánchez-Morán, M., Hernández, J. A., Duñabeitia, J. A., Estévez, A., Bárcena, L., González-Lahera, A., Bajo, M. T., Fuentes, L. J., Aransay, A. M., & Carreiras, M. (2018). Genetic association study of dyslexia and ADHD candidate genes in a Spanish cohort: Implications of comorbid samples. PloS one, 13(10), e0206431. https://doi.org/10.1371/journal.pone.0206431

Sánchez-Romero, L., Benito-Calvo, A., Marín-Arroyo, A.B. et al. New insights for understanding spatial patterning and formation processes of the Neanderthal occupation in the Amalda I cave (Gipuzkoa, Spain). Sci Rep 10, 8733 (2020). https://doi.org/10.1038/s41598-020-65364-8

Sapey-Triomphe, L.-A., Lamberton, F., Sonié, S., Mattout, J., & Schmitz, C. (2019). Tactile hypersensitivity and GABA concentration in the sensorimotor cortex of adults with autism. Autism Research: Official Journal of the International Society for Autism Research, 12(4), 562-575. https://doi.org/10.1002/aur.2073

Scheepers, F. (2021). Mensen zijn ingewikkeld: Een pleidooi voor acceptatie van de werkelijkheid en het loslaten van modeldenken. De Arbeiderspers.

Schmidt, M., Wilhelmy, S., & Gross, D. (2020). Retrospective diagnosis of mental illness: past and present. The lancet. Psychiatry, 7(1), 14–16. https://doi.org/10.1016/S2215-0366(19)30287-1

Schmitz, T. W., Correia, M. M., Ferreira, C. S., Prescot, A. P., & Anderson, M. C. (2017). Hippocampal GABA enables inhibitory control over unwanted thoughts. Nature Communications, 8(1), 1-12. https://doi.org/10.1038/s41467-017-00956-z

Schott, E. L. (1931). Superior intelligence in patients with nervous and mental illnesses. The Journal of Abnormal and Social Psychology, 26(1), 94–101. https://doi.org/10.1037/h0072009

Schröder, P. (1938). Kinderpsychiatrie. Monatsschr Psychiatr Neurol 99, 267–293. https://doi.org/10.1159/000148673

Sculos, Bryant W. (2017) "Screen Savior: How Black Mirror Reflects the Present More than the Future," Class, Race and Corporate Power: 5(1). https://doi.org/10.25148/CRCP.5.1.001673

Sheehan, K., Lowe, N., Kirley, A., Mullins, C., Fitzgerald, M., Gill, M., & Hawi, Z. (2005). Tryptophan hydroxylase 2 (TPH2) gene variants associated with ADHD. Molecular Psychiatry, 10(10), 944-949. https://doi.org/10.1038/sj.mp.4001698

Sherman, J. A. (2012). Evolutionary origin of bipolar disorder-revised: EOBD-R. Medical Hypotheses, 78(1), 113-122. https://doi.org/10.1016/j.mehy.2011.10.005

Shifman, S., Bronstein, M., Sternfeld, M., Pisanté, A., Weizman, A., Reznik, I., Spivak, B., Grisaru, N., Karp, L., Schiffer, R., Kotler, M., Strous, R. D., Swartz-Vanetik, M., Knobler, H. Y., Shinar, E., Yakir, B., Zak, N. B., & Darvasi, A. (2004). COMT: A common susceptibility gene in bipolar disorder and schizophrenia. American Journal of Medical Genetics. Part B, Neuropsychiatric Genetics: The Official Publication of the International Society of Psychiatric Genetics, 128B(1), 61-64. https://doi.org/10.1002/ajmg.b.30032

Shin, D.-J., Lee, T. Y., Jung, W. H., Kim, S. N., Jang, J. H., & Kwon, J. S. (2015). Away from home: The brain of the wandering mind as a model for schizophrenia. Schizophrenia Research, 165(1), 83-89. https://doi.org/10.1016/j.schres.2015.03.021

Silberman, S. (2015). NeuroTribes The Legacy of Autism and the Future of Neurodiversity. Avery.

Simkin B. (1992). Mozart's scatological disorder. BMJ (Clinical research ed.), 305(6868), 1563–1567. https://doi.org/10.1136/bmj.305.6868.1563

Singh, A. S., Chandra, R., Guhathakurta, S., Sinha, S., Chatterjee, A., Ahmed, S., Ghosh, S., & Rajamma, U. (2013). Genetic association and gene-gene interaction analyses suggest likely involvement of ITGB3 and TPH2 with autism spectrum disorder (ASD) in the Indian population. Progress in Neuro-Psychopharmacology & Biological Psychiatry, 45, 131-143. https://doi.org/10.1016/j.pnpbp.2013.04.015

Simonton, D. K. (2009). Genius 101. Springer Publishing Company.

Small, M. F. (1998). Our Babies, Ourselves: How Biology and Culture Shape the Way We Parent. Anchor.

Smalley, S. L., Loo, S. K., Yang, M. H., & Cantor, R. M. (2005). Toward localizing genes underlying cerebral asymmetry and mental health. American journal of medical genetics. Part B, Neuropsychiatric genetics: the official publication of the International Society of Psychiatric Genetics, 135B(1), 79–84. https://doi.org/10.1002/ajmg.b.30141

Smeland, O. B., Bahrami, S., Frei, O., Shadrin, A., O'Connell, K., Savage, J., Watanabe, K., Krull, F., Bettella, F., Steen, N. E., Ueland, T., Posthuma, D., Djurovic, S., Dale, A. M., & Andreassen, O. A.

(2020). Correction: Genome-wide analysis reveals extensive genetic overlap between schizophrenia, bipolar disorder, and intelligence. Molecular psychiatry, 25(4), 914. https://doi.org/10.1038/s41380-019-0456-7

Smith, D. J., Anderson, J., Zammit, S., Meyer, T. D., Pell, J. P., & Mackay, D. (2015). Childhood IQ and risk of bipolar disorder in adulthood: prospective birth cohort study. BJPsych open, 1(1), 74–80. https://doi.org/10.1192/bjpo.bp.115.000455

Snyder A. (2009). Explaining and inducing savant skills: privileged access to lower level, less-processed information. Philosophical transactions of the Royal Society of London. Series B, Biological sciences, 364(1522), 1399–1405. https://doi.org/10.1098/rstb.2008.0290

Song, J., Lowe, C. B., & Kingsley, D. M. (2018). Characterization of a Human-Specific Tandem Repeat Associated with Bipolar Disorder and Schizophrenia. American journal of human genetics, 103(3), 421–430. https://doi.org/10.1016/j.ajhg.2018.07.011

Sonuga-Barke, E. J. S., Kumsta, R., Schlotz, W., Lasky-Su, J., Marco, R., Miranda, A., Mulas, F., Oades, R. D., Banaschewski, T., Mueller, U., Andreou, P., Christiansen, H., Gabriels, I., Uebel, H., Kuntsi, J., Franke, B., Buitelaar, J., Ebstein, R., Gill, M., … Faraone, S. V. (2011). A functional variant of the serotonin transporter gene (SLC6A4) moderates impulsive choice in ADHD boys and siblings.

Biological psychiatry, 70(3), 230-236. https://doi.org/10.1016/j.biopsych.2011.01.040

Spikins, P., Wright, B. (2017). The Prehistory of Autism. Rounded Globe.

Srinivasan, S., Bettella, F., Mattingsdal, M., Wang, Y., Witoelar, A., Schork, A. J., Thompson, W. K., Zuber, V., Winsvold, B. S., Zwart, J.-A., Collier, D. A., Desikan, R. S., Melle, I., Werge, T., Dale, A. M., Djurovic, S., & Andreassen, O. A. (2016). Genetic markers of human evolution are enriched in schizophrenia. Biological psychiatry, 80(4), 284-292. https://doi.org/10.1016/j.biopsych.2015.10.009

Srinivasan T. M. (2015). Healing altered states of consciousness. International journal of yoga, 8(2), 87–88. https://doi.org/10.4103/0973-6131.158468

Stanovich, K. E. (2002). Rationality, intelligence, and levels of analysis in cognitive science: Is dysrationalia possible? In R. J. Sternberg (Ed.), Why smart people can be so stupid (p. 124–158). Yale University Press.

Stanovich, K. E. (2009). What Intelligence Tests Miss: The Psychology of Rational Thought. Yale University Press.

Stanovich, K. E., West, R. F., & Toplak, M. E. (2011). Intelligence and Rationality. The Cambridge Handbook of Intelligence, 784–826.

http://doi.org/10.1017/cbo9780511977244

Stanovich, K. E., West, R. F., & Toplak, M. E. (2016). The Rationality Quotient: Toward a test of rational thinking. Cambridge, MA: MIT Press.

Stanovich, K. E., Toplak, M. E., & West, R. F. (2019). Intelligence and Rationality. The Cambridge Handbook of Intelligence, 1106–1139. http://doi.org/10.1017/9781108770422.047

Sternberg, R. J. (1993). Beyond IQ: A triarchic theory of human intelligence. Cambridge University Press

Sternberg, R. J. (2002). Preface. In R. J. Sternberg (Ed.), Why smart people can be so stupid (p. vii-viii). Yale University Press.

Sternberg, R. J. (2018). The Triangle of Creativity. In R. J. Sternberg & J. C. Kaufman (Eds.), The Nature of Human Creativity (p. 318-334). Cambridge University Press.

Sternberg, R. J., & Grigorenko, E. L. (1999). Genetics of childhood disorders: I. Genetics and intelligence. Journal of the American Academy of Child and Adolescent Psychiatry, 38(4), 486–488. https://doi.org/10.1097/00004583-199904000-00024

Sternberg, R. J., & Kaufman, J. C. (2010). Constraints on Creativity: Obvious and Not So Obvious. In J. C. Kaufman & Robert J.

Sternberg (Eds.), The Cambridge Handbook of Creativity (p. 467-482). Cambridge University Press.

Sternberg, R. J., & Lubart, T. I. (1991). An investment theory of creativity and its development. Human Development, 34(1), 1–31. https://doi.org/10.1159/000277029

Subin Park, Jung, S.-W., Kim, B.-N., Cho, S.-C., Shin, M.-S., Kim, J.-W., Yoo, H. J., Cho, D.-Y., Chung, U.-S., Son, J.-W., & Kim, H.-W. (2013). Association between the GRM7 rs3792452 polymorphism and attention deficit hyperactivity disorder in a Korean sample. Behavioral and Brain Functions, 9(1), 1. https://doi.org/10.1186/1744-9081-9-1

Sun, H., Yuan, F., Shen, X., Xiong, G., & Wu, J. (2014). Role of COMT in ADHD: A systematic meta-analysis. Molecular Neurobiology, 49(1), 251-261. https://doi.org/10.1007/s12035-013-8516-5

Supekar, K., Uddin, L. Q., Khouzam, A., Phillips, J., Gaillard, W. D., Kenworthy, L. E., Yerys, B. E., Vaidya, C. J., & Menon, V. (2013). Brain hyperconnectivity in children with autism and its links to social deficits. Cell Reports, 5(3), 738-747. https://doi.org/10.1016/j.celrep.2013.10.001

Szasz, T. S. (1973). The second sin. Anchor Press.

Szasz, T. S. (1976). Fabriquer la folie. Payot.

Swerdlow, N. R., Stephany, N., Wasserman, L. C., Talledo, J., Sharp, R., & Auerbach, P. P. (2003). Dopamine agonists disrupt visual latent inhibition in normal males using a within-subject paradigm. Psychopharmacology, 169(3-4), 314–320. https://doi.org/10.1007/s00213-002-1325-6

Tabet, A.-C., Pilorge, M., Delorme, R., Amsellem, F., Pinard, J.-M., Leboyer, M., Verloes, A., Benzacken, B., & Betancur, C. (2012). Autism multiplex family with 16p11.2p12.2 microduplication syndrome in monozygotic twins and distal 16p11.2 deletion in their brother. European Journal of Human Genetics: EJHG, 20(5), 540-546. https://doi.org/10.1038/ejhg.2011.244

Takeuchi, H., Taki, Y., Sekiguchi, A., Nouchi, R., Kotozaki, Y., Nakagawa, S., Miyauchi, C. M., Iizuka, K., Yokoyama, R., Shinada, T., Yamamoto, Y., Hanawa, S., Araki, T., & Hashizume, H. (2014). Creativity measured by divergent thinking is associated with two axes of autistic characteristics. Frontiers in Psychology, 5. https://doi.org/10.3389/fpsyg.2014.00921

Teng, S., Thomson, P. A., McCarthy, S., Kramer, M., Muller, S., Lihm, J., Morris, S., Soares, D. C., Hennah, W., Harris, S., Camargo, L. M., Malkov, V., McIntosh, A. M., Millar, J. K., Blackwood, D. H., Evans, K. L., Deary, I. J., Porteous, D. J., & McCombie, W. R. (2018). Rare disruptive variants in the DISC1 Interactome and

Regulome: association with cognitive ability and schizophrenia. Molecular psychiatry, 23(5), 1270–1277. https://doi.org/10.1038/mp.2017.115

Terhune, D. B., Tai, S., Cowey, A., Popescu, T., & Cohen Kadosh, R. (2011). Enhanced cortical excitability in grapheme-color synesthesia and its modulation. Current biology: CB, 21(23), 2006–2009. https://doi.org/10.1016/j.cub.2011.10.032

Terhune, D. B., Russo, S., Near, J., Stagg, C. J., & Cohen Kadosh, R. (2014). GABA Predicts Time Perception. The Journal of Neuroscience, 34(12), 4364-4370. https://doi.org/10.1523/JNEUROSCI.3972-13.2014

Terman, L. (1916). The measurement of intelligence, an explanation of and a complete guide for the use of the stanford revision and extension of the Binet-Simon Intelligence Scale. Houghton, Mifflin and Company.

Terman, L. M. (1922). A New Approach to the Study of Genius. Psychological Review, 29(4), 310–318. https://doi.org/10.1037/h0071072

Terman, L.M. (1925). Genetic studies of genius. Mental and physical traits of a thousand gifted children. Stanford University Press.

Terman, L. M., & Merrill, M. A. (1937). Measuring intelligence: A guide to the administration of the new revised Stanford-Binet tests of intelligence. Houghton Mifflin.

Testa-Silva, G., Loebel, A., Giugliano, M., de Kock, C. P. J., Mansvelder, H. D., & Meredith, R. M. (2012). Hyperconnectivity and slow synapses during early development of medial prefrontal cortex in a mouse model for mental retardation and autism. Cerebral Cortex (New York, N.Y.: 1991), 22(6), 1333-1342. https://doi.org/10.1093/cercor/bhr224

Thys, E., Sabbe, B., & De Hert, M. (2014). Creativity and psychopathology: a systematic review. Psychopathology, 47(3), 141–147. https://doi.org/10.1159/000357822

Tian, Y., Gunther, J. R., Liao, I. H., Liu, D., Ander, B. P., Stamova, B. S., Lit, L., Jickling, G. C., Xu, H., Zhan, X., & Sharp, F. R. (2011). GABA- and acetylcholine-related gene expression in blood correlate with tic severity and microarray evidence for alternative splicing in Tourette syndrome: A pilot study. Brain Research, 1381, 228-236. https://doi.org/10.1016/j.brainres.2011.01.026

Torrance, E. P. (1959). Current research on the nature of creative talent. Journal of Counseling Psychology, 6(4), 309–316. https://doi.org/10.1037/h0042285

Torrance, E. P. (1959-1960). Explorations in creative thinking in the early school years. Bureau of Educational Research, College of

Education, University of Minnesota.

Torrance, E. P. (1960). Explorations in creative thinking. Education, 81, 216–220.

Torrance, E. P. (1961). Priming creative thinking in the primary grades. The Elementary School Journal, 62, 34–41. https://doi.org/10.1086/459930

Torrance, E. P. (1961a). Problems of Highly Creative Children. Gifted Child Quarterly, 5(2), 31–34. https://doi.org/10.1177/001698626100500201

Torrance, E. P. (1963). Creativity. Department of Classroom Teachers, American Educational Research Association of the National Education Association.

Torrance, E. P. (1967). The Minnesota Studies of Creative Behavior: National and international extensions. The Journal of Creative Behavior, 1(2), 137–154. https://doi.org/10.1002/j.2162-6057.1967.tb00021.x

Tremolada, M., Taverna, L., & Bonichini, S. (2019). Which Factors Influence Attentional Functions? Attention Assessed by KiTAP in 105 6-to-10-Year-Old Children. Behavioral sciences (Basel, Switzerland), 9(1), 7. https://doi.org/10.3390/bs9010007

Tzang, R.-F., Chang, C.-H., Chang, Y.-C., & Lane, H.-Y. (2019). Autism Associated With Anti-NMDAR Encephalitis: Glutamate-Related Therapy. Frontiers in Psychiatry, 10. https://doi.org/10.3389/fpsyt.2019.00440

Uddin, L. Q., Supekar, K., Lynch, C. J., Khouzam, A., Phillips, J., Feinstein, C., Ryali, S., & Menon, V. (2013). Salience network-based classification and prediction of symptom severity in children with autism. JAMA Psychiatry, 70(8), 869-879. https://doi.org/10.1001/jamapsychiatry.2013.104

Vaitl, D., Birbaumer, N., Gruzelier, J., Jamieson, G. A., Kotchoubey, B., Kübler, A., Lehmann, D., Miltner, W. H., Ott, U., Pütz, P., Sammer, G., Strauch, I., Strehl, U., Wackermann, J., & Weiss, T. (2005). Psychobiology of altered states of consciousness. Psychological bulletin, 131(1), 98–127. https://doi.org/10.1037/0033-2909.131.1.98

Vakalopoulos, C. (2013). A cholinergic hypothesis of the unconscious in affective disorders. Frontiers in Neuroscience, 7. https://doi.org/10.3389/fnins.2013.00220

Valdenaire, L. (2019). Haut potentiel intellectuel et troubles neurodéveloppementaux : une revue de la littérature. [Thèse de doctorat, Université de Bordeaux]. dumas-02100254

Van Boxtel, J. J. A., Tsuchiya, N., & Koch, C. (2010). Consciousness and Attention: On Sufficiency and Necessity. Frontiers in Psychology, 1. https://doi.org/10.3389/fpsyg.2010.00217

Van Den Bogaert, A., Sleegers, K., De Zutter, S., Heyrman, L., Norrback, K.-F., Adolfsson, R., Van Broeckhoven, C., & Del-Favero, J. (2006). Association of brain-specific tryptophan hydroxylase, TPH2, with unipolar and bipolar disorder in a Northern Swedish, isolated population. Archives of General Psychiatry, 63(10), 1103-1110. https://doi.org/10.1001/archpsyc.63.10.1103

van Leeuwen, T. M., Neufeld, J., Hughes, J., & Ward, J. (2020). Synaesthesia and autism: Different developmental outcomes from overlapping mechanisms?. Cognitive neuropsychology, 37(7-8), 433–449. https://doi.org/10.1080/02643294.2020.1808455

Vartanian, O. (2019). Neuroscience of Creativity. In J. C. Kaufman & R. J. Sternberg (Eds.), The Cambridge Handbook of Creativity (p. 148-172). Cambridge University Press.

Velázquez, J. A., Segal, N. L., & Horwitz, B. N. (2015). Genetic and environmental influences on applied creativity: A reared-apart twin study. Personality and individual differences, 75, 141–146. https://doi.org/10.1016/j.paid.2014.11.014

Vernon, P. A., Martin, A. R., Schermer, J. A., & Mackie, A. (2008). A behavioral genetic investigation of humor styles and their correlations with the Big-5 personality dimensions. Personality and

Individual Differences 44(5), 1116-1125. https://doi.org/10.1016/j.paid.2007.11.003

Vinkhuyzen, A. A., van der Sluis, S., Posthuma, D., & Boomsma, D. I. (2009). The heritability of aptitude and exceptional talent across different domains in adolescents and young adults. Behavior genetics, 39(4), 380–392. https://doi.org/10.1007/s10519-009-9260-5

Volf, N. V., Kulikov, A. V., Bortsov, C. U., & Popova, N. K. (2009). Association of verbal and figural creative achievement with polymorphism in the human serotonin transporter gene. Neuroscience letters, 463(2), 154–157. https://doi.org/10.1016/j.neulet.2009.07.070

von Hecker, U., & Meiser, T. (2005). Defocused attention in depressed mood: Evidence from source monitoring. Emotion (Washington, D.C.), 5(4), 456-463. https://doi.org/10.1037/1528-3542.5.4.456

Wahl, G. (2019). Les adultes surdoués. Presses Universitaires de France.

Wallach, M. A., & Kogan, N. (1965). Modes of thinking in young children: A study of the creativity-intelligence distinction. Holt, Rinehart & Winston.

Wallner, B., Windhager, S., & Schaefer, K. (2017). Creativity in Higher Education: Comparative Genetic Analyses on the Dopaminergic System in Relation to Creativity, Addiction, Schizophrenia in Humans and Non-Human Primates. Systemics, Cybernetics and Informatics. 15(6). http://www.iiisci.org/journal/sci/FullText.asp?var=&id=IP045LL17

Wang, P., Zhao, D., Lachman, H. M., & Zheng, D. (2018). Enriched expression of genes associated with autism spectrum disorders in human inhibitory neurons. Translational Psychiatry, 8(1), 1-10. https://doi.org/10.1038/s41398-017-0058-6

Ward, J., Hoadley, C., Hughes, J. E., Smith, P., Allison, C., Baron-Cohen, S., & Simner, J. (2017). Atypical sensory sensitivity as a shared feature between synaesthesia and autism. Scientific reports, 7, 41155. https://doi.org/10.1038/srep41155

Weis, J. (1992). Hitler's Diplomat. Ticknor & Fields.

Weiss, E. M., Schulter, G., Fink, A., Reiser, E. M., Mittenecker, E., Niederstätter, H., Nagl, S., Parson, W., & Papousek, I. (2014). Influences of COMT and 5-HTTLPR polymorphisms on cognitive flexibility in healthy women: inhibition of prepotent responses and memory updating. PloS one, 9(1), e85506. https://doi.org/10.1371/journal.pone.0085506

White, H. A., & Shah, P. (2006). Uninhibited imaginations: Creativity in adults with Attention-Deficit/Hyperactivity Disorder. Personality and Individual Differences, 40(6), 1121-1131. https://doi.org/10.1016/j.paid.2005.11.007

Whitfield-Gabrieli, S., Thermenos, H. W., Milanovic, S., Tsuang, M. T., Faraone, S. V., McCarley, R. W., Shenton, M. E., Green, A. I., Nieto-Castanon, A., LaViolette, P., Wojcik, J., Gabrieli, J. D. E., & Seidman, L. J. (2009). Hyperactivity and hyperconnectivity of the default network in schizophrenia and in first-degree relatives of persons with schizophrenia. Proceedings of the National Academy of Sciences of the United States of America, 106(4), 1279-1284. https://doi.org/10.1073/pnas.0809141106

Williams, E. L., & Casanova, M. F. (2010). Autism and dyslexia: a spectrum of cognitive styles as defined by minicolumnar morphometry. Medical hypotheses, 74(1), 59–62. https://doi.org/10.1016/j.mehy.2009.08.003

Wilson, R. C., Guilford, J. P., Christensen, P. R., & Lewis, D. J. (1954). A factor-analytic study of creative-thinking abilities. Psychometrika, 19, 297–311. https://doi.org/10.1007/BF02289230

Wolman, B. (éd.). (1985). Handbook of intelligence, Theories, Measurements, and Applications. John Wiley & Sons.

Woolf, N. (2006). Acetylcholine, Cognition, and Consciousness.

Journal of molecular neuroscience: MN, 30, 219-222. https://doi.org/10.1385/JMN:30:1:219

Yamamoto, K. (1964). Role of Creative Thinking and Intelligence in High School Achievement. Psychological Reports, 14(3), 783–789. https://doi.org/10.2466/pr0.1964.14.3.783

Yamamoto, K. (1965). Effects of restriction of range and test unreliability on correlation between measures of intelligence and creative thinking. British Journal of Educational Psychology, 35(3), 300–305. https://doi.org/10.1111/j.2044-8279.1965.tb01818.x

Yang, X., Liu, W., Yi, M., Zhang, R., Xu, Y., Huang, Z., Liu, S., & Li, T. (2018). Choline acetyltransferase may contribute to the risk of Tourette syndrome: Combination of family-based analysis and case–control study. The World Journal of Biological Psychiatry, 19(7), 521-526. https://doi.org/10.1080/15622975.2017.1282176

Yeung, R. K., Xiang, Z.-H., Tsang, S.-Y., Li, R., Ho, T. Y. C., Li, Q., Hui, C.-K., Sham, P.-C., Qiao, M.-Q., & Xue, H. (2018). Gabrb2 - knockout mice displayed schizophrenia-like and comorbid phenotypes with interneuron–astrocyte–microglia dysregulation. Translational Psychiatry, 8(1), 1-14. https://doi.org/10.1038/s41398-018-0176-9

Yip, J., Soghomonian, J.-J., & Blatt, G. J. (2007). Decreased GAD67 mRNA levels in cerebellar Purkinje cells in autism:

Pathophysiological implications. Acta Neuropathologica, 113(5), 559-568. https://doi.org/10.1007/s00401-006-0176-3

Yoo, H. J., Cho, I. H., Park, M., Yang, S. Y., & Kim, S. A. (2013). Association of the Catechol-o-Methyltransferase Gene Polymorphisms with Korean Autism Spectrum Disorders. Journal of Korean Medical Science, 28(9), 1403-1406. https://doi.org/10.3346/jkms.2013.28.9.1403

Yoon, D. Y., Rippel, C. A., Kobets, A. J., Morris, C. M., Lee, J. E., Williams, P. N., Bridges, D. D., Vandenbergh, D. J., Shugart, Y. Y., & Singer, H. S. (2007). Dopaminergic polymorphisms in Tourette syndrome: Association with the DAT gene (SLC6A3). American Journal of Medical Genetics. Part B, Neuropsychiatric Genetics: The Official Publication of the International Society of Psychiatric Genetics, 144B(5), 605-610. https://doi.org/10.1002/ajmg.b.30466

Zabelina, D., L. (2018). Attention and Creativity. In R. E. Jung & O. Vartanian (Eds.), The Cambridge Handbook of the Neuroscience of Creativity (p. 161-179). Cambridge University Press.

Zanaboni Dina, C., Porta, M., Saleh, C., & Servello, D. (2017). Creativity Assessment in Subjects with Tourette Syndrome vs. Patients with Parkinson's Disease: A Preliminary Study. Brain Sciences, 7(7). https://doi.org/10.3390/brainsci7070080

Zaslavsky, K., Zhang, W.-B., McCready, F. P., Rodrigues, D. C.,

Deneault, E., Loo, C., Zhao, M., Ross, P. J., El Hajjar, J., Romm, A., Thompson, T., Piekna, A., Wei, W., Wang, Z., Khattak, S., Mufteev, M., Pasceri, P., Scherer, S. W., Salter, M. W., & Ellis, J. (2019). SHANK2 mutations associated with autism spectrum disorder cause hyperconnectivity of human neurons. Nature Neuroscience, 22(4), 556-564. https://doi.org/10.1038/s41593-019-0365-8

Zhai, D., Li, S., Zhao, Y., & Lin, Z. (2014). SLC6A3 is a risk factor for Parkinson's disease: A meta-analysis of sixteen years' studies. Neuroscience Letters, 564, 99-104. https://doi.org/10.1016/j.neulet.2013.10.060

Zhang, J., & Zhang, S. (2018). The Association of TPH Genes With Creative Insight Performance. Psychology of Aesthetics, Creativity, and the Arts. https://doi.org/10.1037/aca0000202

Zhang, S., & Zhang, J. (2016). The Association of TPH Genes With Creative Potential. Psychology of Aesthetics Creativity and the Arts, 11. https://doi.org/10.1037/aca0000073

Zheng, P., Li, E., Wang, J., Cui, X., & Wang, L. (2013). Involvement of tryptophan hydroxylase 2 gene polymorphisms in susceptibility to tic disorder in Chinese Han population. Behavioral and Brain Functions: BBF, 9, 6. https://doi.org/10.1186/1744-9081-9-6

Zink, N., Bensmann, W., Arning, L., Stock, A. K., & Beste, C. (2019). CHRM2 Genotype Affects Inhibitory Control Mechanisms During

Cognitive Flexibility. Molecular neurobiology, 56(9), 6134–6141. https://doi.org/10.1007/s12035-019-1521-6

Zuckerman, M., Silberman, J., & Hall, J. A. (2013). The relation between intelligence and religiosity: a meta-analysis and some proposed explanations. Personality and social psychology review: an official journal of the Society for Personality and Social Psychology, Inc, 17(4), 325–354. https://doi.org/10.1177/1088868313497266

Zuckerman, M., Li, C., Lin, S., & Hall, J. A. (2020). The Negative Intelligence-Religiosity Relation: New and Confirming Evidence. Personality & social psychology bulletin, 46(6), 856–868. https://doi.org/10.1177/0146167219879122